# LE TRAQUENARD

www.editions-jclattes.fr

Jean Boustani
avec Erwan Seznec

# LE TRAQUENARD

## Affaires africaines : celui qui n'aurait jamais dû parler témoigne

JC Lattès

Maquette de couverture : lepetitatelier
Photo : © DR Privinvest

ISBN : 978-2-7096-6877-4


Première édition mai 2022

# Introduction

Si tout s'était passé comme prévu, Jean Boustani n'aurait jamais fait de livre. Il appartient à cette catégorie de personnes qui ne parlent jamais aux journalistes. Ceux qui en savent beaucoup, mais en disent le moins possible. Pour certains, faire le buzz sur les réseaux sociaux est un accomplissement. Mais pour eux, c'est une déchéance. Dans une période faisant de la transparence une vertu cardinale, ils cultivent le secret. Les contrats dont ils s'occupent exigent de la discrétion, car ils touchent à la sécurité des États et à la vie de centaines de milliers de femmes, d'hommes et d'enfants.

Ce n'est pas de la théorie. Les entretiens présents dans ce livre ont commencé au printemps 2021. À cette époque, plusieurs centaines de milliers de Mozambicains fuyaient les attaques sanglantes de groupes islamistes, dans le Cabo Delgado, une province du nord du pays très riche en gaz naturel. Cette catastrophe humanitaire en cours a été très peu relayée par les médias français, alors qu'elle était d'ampleur au moins égale à la crise afghane. La crise au Mozambique a un rapport direct avec les contrats dont il est question tout au long de cet ouvrage.

Jean est né au Liban en 1978. Il travaille pour le groupe de construction navale Privinvest, fondé par l'homme d'affaires franco-libanais Iskandar Safa et son frère, Akram Safa. Propriétaire de chantiers en France, en Allemagne et à Abu Dhabi[1], la société fabrique des yachts de grand standing, des bateaux de commerce et des navires militaires : patrouilleurs, corvettes, vedettes, navires d'interception rapides, sous-marins d'attaque. Le groupe a également développé des systèmes de surveillance par drones et stations radars.

Au sein de Privinvest, Jean s'occupe de l'Afrique sub-saharienne. En 2013, il a joué un rôle déterminant dans la signature d'un accord entre le groupe de construction navale et l'État du Mozambique. Le pays a acquis pour deux milliards de dollars de matériels de pointe, dans le but de renforcer sa capacité à exploiter et défendre ses eaux territoriales, riches en thons et en gaz naturel.

Jean n'était pas censé en parler un jour en détail. En accord avec son employeur, il s'est résolu à le faire, parce qu'un matin, à la sortie d'un avion et hors de tout cadre légal, le gouvernement des États-Unis l'a fait arrêter.

1. Les Constructions mécaniques de Normandie à Cherbourg, German Naval Yards à Kiel et Abu Dhabi Mar.

C'était le 1er janvier 2019, en République dominicaine. Jean ne faisait l'objet d'aucun mandat d'arrêt international. Sans l'en informer, le département de la Justice américain (Department of Justice, ou DoJ) avait monté contre lui un dossier l'accusant de corruption, de fraude commise par des moyens de communication électronique et de blanchiment d'argent, dans le cadre des contrats mozambicains[1].

Jean n'avait jamais mis les pieds aux États-Unis. Son arrestation s'est faite sur la base des lois « extraterritoriales » : *Foreign corrupt practises act (FCPA), Foreign account tax compliance act (FATCA), loi Sarbanes-Oxley de surveillance comptable et financière, Cloud Act sur l'accès aux données*... Vivement critiqués par l'immense majorité des juristes, ces textes prétendent rendre les tribunaux américains compétents pour des faits commis n'importe où dans le monde. Certains sont anciens (le FCPA date de 1977), mais depuis les années 1990, Washington en a fait un usage intensif et une interprétation extensive. Cela permet « *aux autorités de la première puissance mondiale d'enquêter, de poursuivre et de condamner, sur des fondements divers (corruption, blanchiment d'argent, sanctions internationales, etc.), les pratiques commerciales d'entreprises ou d'individus du monde entier* », comme le pointe le député français Raphaël Gauvain dans un rapport

1. En anglais, il était question de « Security fraud, wire fraud, money laundry ». Et contrairement à ce que tous les médias ont écrit, Jean n'a jamais été accusé de corruption.

sur le sujet remis en 2019 au Premier ministre Édouard Philippe. Au moment où le parlementaire bouclait son travail, Jean Boustani se trouvait en prison à Brooklyn[1].

## *Imposer la loi de Washington à la terre entière*

On lit souvent que les États-Unis se posent en « gendarme du monde », mais c'est une expression inappropriée. Un gendarme ne vote pas les lois, il les applique. Il ne décide pas du bien et du mal, avec comme seul critère son propre intérêt. Il respecte les frontières et la présomption d'innocence. Plus important encore, il agit sans arrière-pensées économiques. Les États-Unis, au contraire, instrumentalisent sciemment les lois extraterritoriales. L'ancien procureur général adjoint du Department of Justice, Leslie Caldwell, l'avait admis sans détour dans un discours à l'université Duke, le 23 octobre 2014 : *« La lutte contre la corruption étrangère n'est pas un service que nous fournissons à la communauté internationale, mais plutôt une mesure d'application nécessaire pour protéger nos propres intérêts en matière de sécurité nationale et la capacité de nos entreprises américaines à être compétitives à l'échelle mondiale. »*

Difficile d'être plus clair : il s'agit d'imposer la loi américaine à des pays ne l'ayant pas demandé, aussi longtemps que nécessaire pour servir les intérêts du

1. Rapport Gauvain, intitulé « Rétablir la souveraineté de la France et de l'Europe et protéger nos entreprises des lois et mesures à portée extraterritoriale », 26 juin 2019, disponible en ligne. Cette introduction reprend de nombreuses analyses de ce rapport remarquable.

gouvernement et des entreprises américaines. Et cela, quel que soit le locataire de la Maison-Blanche. Jean Boustani a été incarcéré sous Donald Trump, mais des décisions ahurissantes concernant les lois extraterritoriales et la guerre économique ont aussi été prises à l'époque de Barack Obama. Quant au peuple américain, personne ne lui demande son avis. Il faudrait peut-être le faire, car rien ne dit qu'il est d'accord. À l'issue des onze mois de détention effectués dans des conditions très difficiles, Jean Boustani a été jugé par un tribunal populaire de Brooklyn. Aucune charge n'a été retenue contre lui. Malgré la débauche de moyens du DoJ, soutenu par un président de tribunal bien peu impartial, il a été acquitté par douze citoyens américains, qui l'ont définitivement blanchi, sans possibilité d'appel de la part du DoJ.

En France, personne n'a parlé de cet acquittement. L'arrestation de Jean avait été interprétée par certains médias comme le signe d'une vaste conspiration. Sa libération, elle, a été passée sous silence.

Cette décision pourrait être considérée comme une preuve de l'indépendance de la justice américaine. Mais le DoJ n'est pas la Justice. C'est une autorité administrative, furieusement tentée de court-circuiter les tribunaux de son pays, initiant systématiquement des négociations informelles avec les personnes mises en cause. « Parfois qualifiées de “discussions amicales” par les cabinets d'avocats », ironise le rapport *Gauvain*, ces négociations sont en réalité « un rapport de force violent et déséquilibré », sans contrôle judiciaire et sans garantie en matière de protection des droits de la défense.

Le champ de l'infraction n'est même pas précisé ; la personne mise en cause a accès au dossier très tardivement ; ses conditions d'incarcération – indignes – sont pensées pour la faire craquer ; l'enquête est conduite exclusivement à charge ; enfin, le DoJ exerce un chantage permanent à la sanction pénale lourde. Les États-Unis, république bananière ? À l'occasion, oui. L'hypocrisie en plus : les enquêteurs du FBI ne passent pas les suspects à tabac, ils les enferment avec des détenus suffisamment dangereux qui se chargent de le faire.

La plupart des autorités américaines rencontrées par la mission parlementaire de Raphaël Gauvain réfutaient le caractère extraterritorial des lois en général. Hélas, un groupe de décideurs – restreint mais influent – ne l'entend pas de cette oreille. Ils vivent reclus dans une enclave nommée Washington DC[1], avec des juristes aux mentalités formatées par des décennies de lutte sourde contre les États fédérés. Cette particularité juridique trouve sa source dans « le combat que se sont historiquement livré les autorités fédérales d'un côté et les autorités des États fédérés de l'autre, pour se partager la compétence dans la poursuite des infractions économiques et financières », relève Raphaël Gauvain.

Peu à peu, des lois et jurisprudences ont accru la compétence des autorités fédérales. Celles-ci ont pris

1. À la présidentielle de 2020, Joe Biden a recueilli 92,1 % des suffrages dans le District de Columbia, et Donald Trump 5,4 %, contre 51,41 % et 46,86 % à l'échelle du pays. Quoi que l'on pense de Donald Trump, n'est-il pas préoccupant que le cercle du pouvoir d'une grande nation soit à ce point en décalage avec la sensibilité du pays qu'il prétend gouverner ?

la désastreuse habitude de se contenter de critères flous – interprétés avec une grande souplesse – pour décréter qu'elles avaient leur mot à dire sur telle ou telle affaire. Aussi baroque que cela puisse paraître, aux yeux du DoJ, la loi fédérale qui s'applique au Texas pourrait aussi bien s'appliquer à la France ou au Mozambique.

Et ça marche ! Entre 2008 et 2017, les États-Unis ont réussi à extorquer plus de 100 milliards de dollars d'amende à 26 grands groupes poursuivis sur la base du *Foreign corrupt practises act* (FCPA) : 21 étaient non américains, dont 14 européens. C'est le butin de la guerre économique. Il suffirait que demain la Chine ou l'Inde décident d'imiter les États-Unis – et pourquoi s'en priver ? – pour que la guerre économique mondiale monte de plusieurs crans.

## *Le piège de la résignation*

Jean a passé une année difficile dans un pénitencier des faubourgs de New York, le DoJ ayant sciemment rendu sa délibération éprouvante, mais rien de personnel : les justiciers étaient en service commandé. Ce n'était pas à lui qu'ils en voulaient. Le but de cette arrestation était de le retourner contre son employeur. Pourquoi ? Probablement parce que Privinvest n'attend pas le feu vert du Pentagone pour vendre du matériel de qualité à des États souhaitant garantir leur souveraineté, en particulier en Afrique. Vu de Washington, cela s'apparente à une agression. L'objectif ultime du DoJ était de faire d'un proche d'Iskandar Safa un témoin clé, qui l'accable suffisamment pour extorquer à Privinvest une énorme amende assortie d'engagements de soumission. Le tout déguisé en accord de « *compliance* », un terme à la mode pour désigner des règles d'éthique, décrétées aux États-Unis et imposées à des entreprises du monde entier.

Cette soumission doit être totale. En 2014, la banque française BNP, poursuivie pour violation de l'embargo unilatéral américain envers le Soudan, l'Iran et Cuba, s'est résignée à payer une amende de 9 milliards de dollars. Ce n'est pas tout. La banque a accepté la création en son sein d'un département chargé de s'assurer qu'elle respecte les lois américaines. Établi à New York, ce service a un droit de regard illimité sur toutes ses opérations en dollars.

Intérêts économiques ou stratégiques, peu importe pour le DoJ. Il se comporte en bras armé de l'influence américaine, public et privé confondus. La plupart des pays européens tentent – sans toujours y arriver – de séparer la sphère des administrations de celle des entreprises. Les États-Unis, au contraire, organisent et encouragent la porosité entre les milieux économiques et les autorités fédérales. D'innombrables passerelles relient le DoJ au monde des entreprises, aux cabinets juridiques, aux services de renseignement et à l'appareil judiciaire. Les procureurs sont des juristes comme les autres, occupant un emploi temporaire par nature, ayant vocation à retourner un jour soit en cabinet, soit en entreprise. Ils le savent et n'insultent pas l'avenir : pour un procureur, une affaire réussie est un des meilleurs tremplins vers une activité rémunératrice dans le privé.

### *Derrière le droit, des vies et des morts*

Croire que seuls des cadres supérieurs impliqués dans des négociations internationales stratégiques sont concernés par ces excès serait une erreur. Si demain les États-Unis rétablissaient la prohibition sur l'alcool, un juge de New York pourrait-il condamner à vingt-cinq ans de prison un importateur de bordeaux sous prétexte qu'il utilise Gmail et le dollar pour vendre du vin à un grossiste japonais ? Le DoJ tente en tout cas de le faire croire, mais sa position est très fragile. Avec ce témoignage, Jean Boustani veut encourager les entreprises qui seront mises en cause demain à affronter ce colosse au pied d'argile. Certaines, dans le passé, se sont couchées. Elles ont eu tort. Elles ont accepté de payer des amendes pour éviter le déshonneur, abandonnant à leur sort leurs salariés incarcérés[1]. Elles ont écopé de l'amende, en plus du déshonneur. Affronter le DoJ n'est ni facile ni gratuit : contrairement à un juge d'instruction français, un procureur américain enquête seulement à charge. L'accusé finance seul sa défense, du moins s'il veut bénéficier d'une prestation correcte. Le DoJ peut lui fournir un avocat (*public defendant*), mais dans une affaire comme celle de Jean, son rôle se bornerait à essayer de convaincre l'accusé de choisir entre une transaction très déséquilibrée avec le DoJ et devenir le témoin clé de celui-ci.

Aller au procès est donc un pari coûteux mais qui peut s'avérer gagnant, la justice américaine restant

1. F. Pierucci et M. Aron, *Le Piège américain*, 2019, JC Lattès.

malgré tout indépendante. Les procureurs américains le savent et font tout pour éviter les procès, poussant les accusés vers ce jeu de dupe qu'est la négociation.

La roue, heureusement, a commencé à tourner. Les six semaines d'audition de Jean Boustani à Brooklyn ont viré à l'humiliation, pour une accusation qui jouait à domicile, mais s'est trouvée empêtrée dans ses propres contradictions.

Les relations internationales sont régies par les rapports de force et il serait déplacé de reprocher aux États-Unis d'utiliser leur puissance pour protéger leurs intérêts nationaux. Le problème est que Washington noie sa raison d'État dans la moraline, avec un succès indéniable. Pendant cinq ans, des organisations non gouvernementales, des fonds d'investissement, des politiques et des institutions comme le Fonds Monétaire international ont relayé une version totalement biaisée de l'histoire des contrats du Mozambique, martelant, en dépit des évidences, qu'il y avait eu mensonge et corruption. Pendant des mois, à longueur d'articles de presse et de communiqués officiels, Jean Boustani a été présenté comme un intermédiaire véreux, et Iskandar Safa comme un patron voyou. Par contraste, Le DoJ se posait en chevalier blanc de l'éthique et de la déontologie. Il exigeait de la transparence ? Il sera servi au-delà de ses espérances. Tout ce qui est raconté dans ce livre est sourcé et vérifiable, les cinq mille pages d'audience sont en ligne. Chacun appréciera qui, de Jean Boustani ou de ses accusateurs, doit rougir de ses méthodes de travail.

Jean s'est livré sans détour et sans notes. Il a en mémoire absolument tout ce qu'il s'est passé dans cette affaire depuis 2013, jusqu'au procès. Les entretiens ont eu lieu pendant une semaine de travail intense, dans un cadre extraordinaire, un village chrétien au milieu des montagnes libanaises. Son portable sonnait souvent pendant nos conversations. Il répondait avec une fluidité égale en français, en anglais et en portugais, sans oublier l'arabe, sa langue natale. Depuis son chalet, il vit encore à l'heure du Mozambique, suivant à distance l'actualité du pays. Âgé de quarante-quatre ans, débordant de santé et d'énergie, il brûle manifestement de se remettre au travail. Son incarcération l'a beaucoup affecté, il en convient bien volontiers, mais elle ne l'a pas détruit. Le sentiment qui dominait chez lui, un an et demi après sa libération, était un désir intense de justice et de vérité. Il a parlé en toute franchise. Certains de ses propos ne sont pas reproduits dans ce livre, car ils pourraient mettre en danger des acteurs toujours présents au Mozambique. Il a évidemment relu, corrigé et amendé l'intégralité du livre.

Ce récit emmène le lecteur au Liban, au Mozambique, puis aux États-Unis. Il est question de négociations africaines et de procédures américaines. Par souci de clarté, j'ai intercalé, entre les chapitres où Jean se raconte à la première personne, quelques brefs « intermèdes » pour éclairer le récit : notamment des éléments sur le contexte au Mozambique et le droit américain.

# Chapitre 1

## L'arrestation

Comment cette affaire a-t-elle commencé ? Par une fête. Nous étions le 1er janvier 2019. J'avais passé la nuit de la Saint-Sylvestre dans une boîte de Beyrouth, The One. Vers 4 heures du matin, je devais prendre un vol pour la Républicaine dominicaine, où Iskandar Safa – qui est bien plus qu'un patron pour moi – m'avait invité à passer quelques jours. En effet, son épouse est dominicaine et il possède une maison à Saint-Domingue. Je devais faire une escale à Paris. À mon arrivée à Roissy-Charles-de-Gaulle, j'étais encore dans les vapeurs de la fête. J'avais littéralement sauté du night-club à l'aéroport, sans même passer chez moi me changer. Un peu éméché mais en pleine forme, j'ai avalé un café croissant en attendant le vol transatlantique. Dans l'avion pour les Caraïbes, j'ai repris un verre. Compte tenu du décalage horaire, j'allais arriver là-bas avant la fin de la nuit de la Saint-Sylvestre. Il fallait garder le rythme. J'étais totalement détendu, à mille lieues d'imaginer que je vivais mes derniers instants de liberté avant la fin de l'année.

Les contrôles se sont déroulés sans encombre. Iskandar Safa m'avait envoyé un chauffeur. Alors qu'il patientait dans l'aérogare et que j'attendais mes bagages, deux vigiles sont venus me chercher, très poliment. Ils m'ont emmené dans une pièce, sous prétexte de remplir je ne sais quel formulaire. Je les ai suivis tranquillement, je n'avais absolument rien à me reprocher. Très vite, pourtant, l'ambiance a changé. Les policiers m'ont pris mon portable et ils m'ont dit qu'ils me gardaient. Je suis d'un tempérament plutôt impulsif. Fatigué par la nuit de fête et le décalage horaire, je me suis énervé. Je leur ai dit que je venais pour la dixième fois dans leur pays et que je connaissais le président de la République dominicaine, ce qui était vrai. Rien n'y a fait. J'ai demandé à passer un coup de fil. Ils ont refusé. Iskandar Safa avait certainement été informé du problème, mais je ne pouvais pas le joindre. On m'a sorti de l'aéroport sous escorte, pour me conduire à la Direction nationale d'investigation, à Saint-Domingue. Je me suis retrouvé seul dans une pièce d'un quelconque bâtiment de police, avec une chaise et une table pour tout mobilier, gardé par un vigile armé. Les heures ont passé. Vers 6 heures du matin, heure locale, des officiels dominicains sont entrés. Ils m'ont parlé directement en espagnol :

*« Vous ne pouvez pas entrer, pour raison de sécurité nationale.*

— *Vous avez vu les tampons sur mon passeport ? Je suis venu ici plusieurs fois !*

— *On vous renvoie à votre point de départ, en France.*

— *Je préférerais le Liban.*

— *Non.*

— *Va pour la France, je vais prendre un billet.*

— *Ce n'est pas nécessaire, on s'en charge.* »

J'ai été ramené à l'aérogare dans un pick-up, menotté. Ils ont pris mes empreintes, j'ai rempli un questionnaire de santé. Au comptoir, un agent m'a donné ma carte d'embarquement. Je voyageais sur American Airlines et j'allais passer par New York. C'était incompréhensible :

« *Il me faut un visa de transit, pour passer par New York.*

— *Vous n'en aurez pas besoin.*

— *Attendez, il y a un vol direct de Saint-Domingue pour Paris, ce soir. Pourquoi les États-Unis ?*

— *Vous prenez l'avion par New York.* »

Fin de la discussion. Et voilà comment je suis arrivé à l'aéroport John Fitzgerald Kennedy. J'avais voyagé sans menottes, mais on me les a remises dès ma descente d'avion. Test ADN, lecture des droits, prise d'empreintes digitales, photos, j'ai eu droit à la totale. Pour la première fois de ma vie, je me trouvais aux États-Unis, et je vivais un cauchemar. Je n'avais aucune idée de ce qu'on me reprochait. Dans mon esprit, l'hypothèse la plus probable était celle d'une erreur sur la personne.

Ensuite, j'ai été conduit au bureau new-yorkais du FBI. Là, enfin, un enquêteur m'a lâché que j'étais détenu à propos du Mozambique. Comme je faisais remarquer que mes affaires là-bas ne les regardaient pas, l'agent qui inspectait le contenu de mon portefeuille m'a montré un billet d'un dollar, qu'il avait trouvé à l'intérieur. La situation commençait à s'éclaircir. Ce n'était pas une erreur. J'étais aux mains des États-Unis, qui avaient organisé mon rapt à Saint-Domingue. Oui, un rapt. Le mot n'est pas trop fort. Comment appelleriez-vous une arrestation en dehors de tout cadre légal ? Il n'y avait pas de mandat, pas de notice rouge Interpol, rien. C'est juste un détail, mais officiellement, je ne suis jamais sorti de République dominicaine, d'ailleurs. Comme il est compliqué d'entrer dans certains pays en tant que ressortissant libanais, j'ai donc acheté – tout à fait légalement – la nationalité antiguayenne, ce qui fait que j'ai deux passeports. Je suis entré en République dominicaine avec mon passeport d'Antigua-et-Barbuda. Au moment de repartir, j'ai fait le test : j'ai donné mon passeport libanais. C'est passé comme une lettre à la poste. Si vous avez deux passeports, essayez. Entrez dans n'importe quel pays avec le premier et tentez de repartir avec le second. C'est impossible. Autre détail révélateur, les communiqués du département de la Justice qui parlent de mon arrestation disent tous qu'elle a eu lieu à l'aéroport Kennedy. Le passage par la République dominicaine est évacué, il est trop embarrassant.

Les Américains savaient que j'allais ce jour-là à Saint-Domingue. Avec les systèmes actuels d'enregistrement des voyageurs, c'est un jeu d'enfant. Si le FBI vous met sous surveillance, il apprend où vous allez atterrir en même temps que vous. J'ai su *a posteriori* que les Américains m'avaient mis en accusation en décembre 2018. Ils l'ont fait sans me convoquer, sans même en parler à Interpol. J'étais dans le viseur, placé sur écoute, filé, suivi électroniquement.

Un détail important du calendrier de mon arrestation montre à quel point les Américains me voulaient, moi, spécifiquement, alors que je n'étais pas le seul suspect recherché. L'acte d'accusation date du 18 décembre. Andrew Pearse, qui deviendra la pièce maîtresse de l'accusation, vivait à Londres. Le DoJ pouvait facilement le faire arrêter et extrader dès décembre. Ils ne l'ont pas fait, et je pense que c'est pour ne pas me mettre en alerte. Contrairement au Royaume-Uni, le Liban n'extrade pas un ressortissant vers les États-Unis. Ce n'est pas dans la loi nationale. C'est la raison pour laquelle ils ont attendu de m'avoir coincé avant de faire arrêter Andrew Pearse, en janvier 2019. De mon côté, je ne me méfiais pas du tout. J'avais la conscience tranquille, je n'avais rien fait de mal.

Dès mon arrivée à New York, j'ai passé au total trois ou quatre heures au bureau du FBI. Les deux agentes à qui j'ai eu affaire, Fatima Hawk et Angela Tassoni, étaient des professionnelles. Elles en savaient déjà long sur moi. Elles avaient récupéré et analysé l'intégralité de ma messagerie Gmail, soit des années de correspondances professionnelles et personnelles, des dizaines de milliers de messages. Mes avocats ont soulevé une objection relative à l'atteinte à la vie privée dans la suite de la procédure, mais elle a été rejetée.

Celui qui avait transmis toutes ces données aux enquêteurs, c'est Google, tout simplement. Le FBI demande à un juge d'émettre un mandat de perquisition (« *search warrant* ») et l'hébergeur est obligé de s'exécuter. Même si les données sont stockées sur un serveur situé hors des États-Unis, le gouvernement américain a accès à tout, pour chacun de nous, s'il veut enquêter. Je le savais vaguement, mais je ne me méfiais pas. Je ne pensais pas que je serais un jour concerné. J'avais une adresse professionnelle, évidemment, mais bien souvent, lorsque je me trouvais au Mozambique, il y avait des problèmes techniques avec le serveur de Privinvest, basé aux Émirats. Les messages passaient mieux par Gmail, ce qui fait que j'utilisais ma messagerie personnelle assez souvent par commodité, sans inquiétude, comme nous le faisons tous. Je n'avais rien à me reprocher. Jusqu'au bout, je ne me suis jamais méfié. Manuel Chang, l'ex-ministre des Finances du Mozambique, avait été arrêté le 28 décembre, trois jours avant ma propre arrestation. Cette nouvelle m'avait intrigué mais pas inquiété. Je n'avais rien fait d'illégal, j'avais la conscience tranquille.

La saisie de mes données personnelles était légale, du moins aux États-Unis. Si quelqu'un utilise n'importe quel service de messagerie (ou de réseaux sociaux) avec des serveurs situés aux États-Unis, Gmail, Facebook, WhatsApp, Twitter, Instagram ou autres, les services américains ont accès à tous ses échanges. Le « *Cloud act* » voté en mars 2018 autorise les forces de l'ordre et les agences de renseignement américaines à consulter les données personnelles de n'importe quel client d'un opérateur télécom ou d'un hébergeur américain, y compris lorsque le client en question et le serveur qui stocke ses données se trouvent à l'étranger et n'ont aucun rapport avec les États-Unis ! La personne concernée n'en sera même pas informée. Cela veut dire qu'un fonctionnaire américain peut lire vos mails dans votre dos et vendre à ses chefs l'idée que vous avez commis un délit. Mais pas d'affolement. Penser aux écoutes et à la surveillance en ligne en permanence, c'est se mettre en état de stress continu, pour rien.

Aujourd'hui, je n'utilise plus Gmail, mais je ne me fais aucune illusion. Les services US ont cracké la totalité des messageries, y compris celles qui se disent sécurisées. Si vous basculez sur une messagerie dont les serveurs ne sont pas situés aux États-Unis, comme Orange, ou même Telegram ou Protonmail, vous pouvez aussi être écouté. Les utiliser ne fait qu'une seule différence avec Google ou Facebook, mais elle est énorme en cas de poursuites judiciaires : le gouvernement des États-Unis ne pourra pas avoir officiellement accès aux communications. Les enquêteurs auront accès aux informations vous concernant, mais ils ne pourront pas en extraire des phrases et les sortir du contexte pour fabriquer des pseudo-preuves recevables aux yeux de la justice américaine.

Après mon arrestation, tout est allé très vite. Dès le 1er janvier, j'ai été conduit au tribunal pour la lecture de l'acte d'accusation. Il faut dire un mot de la manière dont cet acte est réalisé, parce que c'est assez hallucinant. Le DoJ et le FBI se présentent devant un grand jury, composé de citoyens tirés au sort, et ensemble, ils exposent les raisons pour lesquelles ils veulent poursuivre telle ou telle personne, moi, en l'occurrence. L'accusé n'est pas informé, on ne lui demande pas son avis. Il a suffi qu'un procureur interprète à sa guise mes mails pour que des Américains qui ne savaient peut-être même pas situer le Mozambique sur une carte lancent la machine.

Le FBI m'avait proposé un avocat commis d'office, j'avais évidemment refusé. Je savais que ceux de la société à New York allaient me défendre. Privinvest les avait tirés de leur lit au lendemain du réveillon. La situation était surréaliste. Nous étions toujours le 1er janvier, je découvrais le box des accusés dans la même chemise que je portais au club The One, à Beyrouth. J'ai vu pour la première fois mes défenseurs, Michael et Randal. J'étais loin d'imaginer que je m'apprêtais à passer autant de temps avec eux dans les mois à venir. Ils m'ont rapidement expliqué qu'ils allaient tenter de me faire libérer sous caution. J'étais poursuivi pour blanchiment d'argent, fraude électronique et corruption (« *money laudering, wire fraud, corruption* »)[1]. Je voyais d'autant moins ce que je faisais là qu'il s'agissait uniquement d'opérations au Mozambique. Mes avocats ne comprenaient pas beaucoup mieux :

« *On a lu rapidement votre acte d'accusation, c'est du grand n'importe quoi.*

— *Je suis bien d'accord. Qu'est-ce que je fais là ? Je ne suis jamais venu dans ce pays, Privinvest n'y a pas de bureau, pas de fournisseur, pas de partenaire, rien !*

— *La juge va vous demander si vous plaidez coupable ou non coupable.*

— *Non coupable, évidemment.*

— *Il va y avoir un moment difficile,* m'a prévenu Michael. *Vous allez passer quelques jours en prison, mais on va vous faire sortir sous caution.* »

Dans le système américain, le premier magistrat que vous voyez a un rôle limité. Il désigne un autre magistrat, chargé d'examiner le dossier sur le fond. Quand le nom de ce second magistrat est tombé (une certaine Dora Irizarry), il a été interprété comme un bon signe par mes avocats. Selon eux, elle était sérieuse, expérimentée, peu manipulable. Ils étaient plutôt optimistes. Ils ignoraient qu'au même moment, d'autres arrestations en rapport avec la mienne se préparaient ou avaient déjà eu lieu, sur requête des États-Unis. Manuel Chang, ministre des Finances du Mozambique

1. Comme dit précédemment, l'accusation de corruption a vite été abandonnée.

de 2005 à 2015, a été arrêté en Afrique du Sud le 28 décembre 2018, lui aussi, alors qu'il était en route pour Dubaï.

Sur le moment, son interpellation a d'ailleurs éclipsé la mienne, médiatiquement. C'est logique. Je n'étais pas très connu ! Soixante-douze heures plus tard, le 4 janvier, trois anciens banquiers du Crédit Suisse qui avaient eux aussi travaillé sur les opérations de Privinvest au Mozambique ont été interpellés à leurs domiciles, à Londres : Andrew Pearse, Surjan Singh et Detelina Subeva.

Tous les cinq, nous avons été arrêtés à peu près en même temps et pour les mêmes faits, mais nous avons suivi ensuite des chemins différents. C'est même le moins que l'on puisse dire ! Les ex-banquiers du Crédit suisse n'ont pas fait un seul jour de prison. Ils sont restés en Grande-Bretagne. Le DoJ leur a proposé de témoigner contre moi en échange d'un traitement de faveur, et ils ont fini par accepter, les uns après les autres. Andrew Pearse, en particulier, a accepté le rôle que je refusais, celui du témoin clé que le département de la Justice utilise pour faire tomber ses anciens collègues et ses supérieurs. Ils lui ont écrit son rôle… On y reviendra.

Quant à Manuel Chang, il n'a toujours pas été jugé et je pense qu'il ne le sera jamais. L'Afrique du Sud l'avait interpellé. Les États-Unis ont demandé son extradition. L'Afrique du Sud est un état de droit. Johannesbourg a laissé Manuel Chang exercer ses recours, conformément au droit international. L'ancien ministre des Finances du Mozambique vit toujours là-bas, en détention. Si la République dominicaine avait tenu tête elle aussi à Washington, j'aurais sans doute évité la prison. Malheureusement, c'est un petit pays, qui n'est pas en mesure de refuser grand-chose aux Américains. Le président de la République a justifié mon extradition auprès d'Iskandar Safa en lui disant que j'étais un terroriste.

De mon côté, j'ai tout de suite compris ce que le DoJ attendait de moi. Ils nous l'ont dit sans détour et l'ont répété : « Collaborez, balancez, devenez notre *star witness*, on ne s'opposera pas à une liberté sous caution et vous pourrez même faire venir votre famille aux États-Unis. » J'ai refusé. Je ne suis ni un menteur ni un traître. Je savais qu'Iskandar Safa ne me lâcherait pas et il savait que c'était réciproque.

Les représailles ont commencé immédiatement. Ma libération sous caution de 20 millions de dollars a été rejetée, sous prétexte que je risquais de m'enfuir. Sans passeport et sans un seul contact aux États-Unis, je me demande bien comment j'y serais arrivé ! Privinvest a proposé de prendre en charge mon installation en résidence surveillée : refusé aussi. Mes avocats ont lancé une demande de visa, afin que mon fils de six ans et mes parents puissent me rendre visite. Demande rejetée. Motif, « *homeland security* », sécurité intérieure, alors que les Américains avaient proposé de les faire venir auprès de moi si je collaborais. Bref, c'était du chantage d'État.

L'acte d'accusation, ou « indictment », un document de quarante-sept pages, contenait les faits qui m'étaient reprochés. En résumé, Le DoJ soutenait que j'étais le pilier d'un « groupe de conspirateurs qui avaient développé des projets maritimes », dans le seul but de « lever de l'argent pour s'enrichir eux-mêmes », en détournant 200 millions de dollars dilapidés en rétrocommissions à leurs profits et en pots-de-vin versés à tous les niveaux pour acheter des officiels mozambicains, de l'intermédiaire de base jusqu'au ministre des Finances, en passant par le Crédit suisse et les services de renseignement du Mozambique. J'avais acheté des officiels mozambicains afin d'obtenir la garantie de l'État pour des emprunts pourris émis par des sociétés publiques.

Compte tenu de ces détournements massifs, il ne restait plus assez d'argent pour acheter du matériel de qualité, évidemment. Privinvest, toujours selon le DoJ, avait donc fourni de la camelote au Mozambique !

Faute d'outil de travail à la hauteur, les sociétés emprunteuses, Proindicus, Ematum et Mozambique Assets Management, s'étaient trouvées dans l'impossibilité de mener les projets maritimes en question : la pêche au thon, en particulier, avait été catastrophique, ne rapportant même pas 5 % des fortunes escomptées. Privées de revenus, les structures mozambicaines n'avaient pas pu rembourser leurs emprunts, garantis par l'État. Les créanciers avaient été trompés. Circonstance aggravante, ces prêts avaient été souscrits en cachette, dans le dos du Fonds monétaire international.

Bref, une mégacombine, avec un grand organisateur, Jean Boustani ! Mes complices étaient des banquiers du Crédit suisse, un ministre, le chef du renseignement économique du Mozambique, le fils du président Guebuza, etc. Il y avait même Najib Allam, le directeur financier de Privinvest ! Il ne s'est jamais occupé du Mozambique, mais son nom apparaît dans des mails où je lui demande de valider des virements. Pour le DoJ, c'était suffisant : complice, lui aussi.

À supposer que cela ait été vrai, il restait tout de même une question : pourquoi confier l'affaire à un tribunal du Brooklyn Eastern District de New York ? Pourquoi pas Atlanta ou San Francisco ? En fait, selon le DoJ, comme j'avais utilisé les services de banques correspondantes basées à New York pour des transactions en dollars, ainsi que des moyens de paiement électroniques américains, la justice américaine et plus précisément les tribunaux de New York étaient compétents.

J'étais sidéré. C'était du grand n'importe quoi. Comme les enquêteurs avaient eu accès à ma messagerie, les ordres de paiements et les montants des commissions étaient exacts, les extraits de mails étaient authentiques, mais absolument tout était interprété de travers. Des paiements faits par Privinvest pour des investissements immobiliers au Mozambique, par exemple, étaient analysés comme de la corruption. Des honoraires versés dans un cadre légal devenaient des pots-de-vin. Des plaisanteries absurdes passaient pour le signe d'une volonté de dissimulation. Un de nos intermédiaires nommé Teófilo Nhangumele avait pris l'habitude de parler de « poulets » (« chickens ») pour désigner les dollars dans ses mails, je ne me souviens même plus pourquoi. Selon le DoJ, c'était le signe d'une volonté de dissimulation ! Ridicule. Dans un de ces mails où je parlais de poulets, je rajoutais en dessous « LOLLLLLLLLLLLLLL » (*laughing at loud*). J'écris mon nom parfois avec un « i », parfois avec un « y ». Là aussi, volonté de dissimulation. Ridicule.

Il y a un curieux décalage entre le côté minutieusement préparé de ces arrestations simultanées en Afrique du Sud et en République dominicaine et l'improvisation apparente de cet acte d'accusation. J'ai une hypothèse à ce sujet. L'essentiel des faits qui m'étaient reprochés dataient de 2013 et l'année 2018 se terminait. Il y avait un risque de prescription, qui a peut-être obligé le DoJ à se précipiter. La partie était d'autant moins facile pour eux qu'il n'y avait pas eu de corruption, pas d'investisseurs trompés. Nous avions livré du matériel de pointe au Mozambique. Nous étions en mesure de le prouver depuis le début.

Mais nous ne l'avons pas fait. Nous avons choisi le silence. Lorsque les médias ont commencé à parler de la « dette cachée » du Mozambique, en 2016, Privinvest a traité les rumeurs par le mépris. Nous connaissions la valeur de notre travail et de nos équipements. Pour nous, tout cela était absurde. Privinvest, qui a fourni les marines de quarante pays, dont l'Allemagne et l'Arabie saoudite, vend des navires sophistiqués, dans des conditions strictement encadrées, avec licence d'exportation, aux pays de l'OTAN exclusivement, aurait monté une arnaque au Mozambique et organisé l'évaporation de 200 millions de dollars ? Il faut se mettre un instant à notre place. Cela n'avait aucun sens. En 2016, le président du Mozambique parle d'emprunts cachés et de matériels défectueux. Attendez… Mais c'est Filipe Nyusi ! Il était ministre de la Défense, au moment où les emprunts en question ont été lancés et où les livraisons ont commencé ! Il est au courant de tout ! C'était très facile à vérifier. Nous ne pouvions pas imaginer que les médias du monde entier commenceraient à reprendre une fable aussi énorme en boucle.

C'est pourtant ce qu'ils ont fait. Une personne qui consulterait les articles de l'année 2019 sans rien connaître du dossier serait troublée. Et je la comprends. Le *Wall Street Journal*, *Reuters*, *Bloomberg*, *Médiapart* et le *Monde* en France… L'immense majorité des articles tient pour acquis qu'il y a une dette cachée et qu'il y a eu des pots-de-vin. Il y a un fond de racisme derrière tout cela, sur le mode « c'est l'Afrique, on sait comment les choses se passent »… *Shitholes countries*, comme avait dit Donald Trump en janvier 2018 à propos des pays africains. Cela a suscité une indignation bien hypocrite, car selon moi, il ne faisait que trahir un préjugé solidement ancré.

La corruption et les pots-de-vin passaient pour une évidence. Mon acquittement a pris tous les observateurs de court. Ils me voyaient déjà condamné. Ravi de les décevoir, j'étais innocent. Le problème est que j'ai fait onze mois de prison et que Privinvest a subi un préjudice considérable, jusqu'au moment où nous avons décidé de rompre avec notre discrétion habituelle, pour répondre à nos détracteurs. Nous n'avons rien à cacher. Tout le monde ne peut pas en dire autant, parmi ceux qui nous ont attaqués.

# Chapitre 2

## Une terre de promesses

Pour comprendre comment Jean Boustani s'est retrouvé à négocier des contrats à plusieurs centaines de millions de dollars au début des années 2010 au Mozambique, un bref détour par l'histoire de ce pays est indispensable.

Situé à l'est de l'Afrique, il a été une colonie portugaise pendant près de cinq siècles, de 1498 à 1975. En pratique, les Portugais se cantonnaient à la bande côtière. Ils n'ont jamais vraiment tenu l'intérieur des terres de cet immense territoire (800 000 km²). Pour le Portugal, le Brésil et l'Inde avaient bien davantage d'importance économique. Jamais la mise en exploitation du Mozambique n'a été une priorité pour eux, à tel point qu'au XIXe siècle, le pays, quoique officiellement colonie portugaise, faisait parfois figure de dépendance occulte de l'Empire britannique, qui tenait les pays voisins. Jusqu'aux années 1930, seulement quelques dizaines de milliers de Portugais étaient installés au Mozambique. Ce n'était pas faute de place, car cet immense territoire a toujours affiché des densités de population très basse. À partir de 1933, alors que le dictateur Antonio de Oliveira Salazar prend le pouvoir à Lisbonne, la situation évolue. Le nombre de colons installés au Mozambique augmente rapidement, mais ils ne dépasseront jamais les 200 000 personnes. Les Portugais regardent bien davantage vers le Brésil.

Au début des années 1960, comme presque partout dans le monde, des mouvements anticoloniaux ont vu le jour au Mozambique. Le Front de libération du Mozambique (Frelimo), d'inspiration marxiste, est né en 1962. Il s'est rapidement imposé comme le leader de la lutte contre le colon portugais, parvenant à prendre le contrôle de larges territoires dans le nord du pays, avant même l'indépendance. Celle-ci intervient en 1975, dans la foulée de la Révolution des œillets, au Portugal. S'étant débarrassés sans violence du dictateur Salazar en avril 1974, les Portugais entreprennent de liquider aussi proprement que possible les restes de leur empire colonial. Le Mozambique accède ainsi au statut d'État indépendant le 25 juin 1975, après des années d'âpres combats, mais sans massacre de civils ni effusion de sang massive. Le Frelimo se déclare parti unique et bascule immédiatement dans le camp soviétique, comptant sur l'aide russe et cubaine pour sortir de la misère. Les États-Unis, l'Afrique du Sud et la Rhodésie (devenu le Zimbabwe en 1980) ne voient pas ce choix d'un bon œil. Ils vont soutenir un mouvement contre-révolutionnaire, la Résistance nationale mozambicaine (Renamo), entraînant une guerre civile plus longue et plus destructrice que la guerre de libération nationale. Les combats s'éternisent jusqu'en 1992. Désorganisant un pays déjà peu structuré, les actions de sabotage de la Renamo transforment la pauvreté en misère, les disettes en famines et les maladies chroniques en épidémies, pires que les combats eux-mêmes. Les quinze ans de guerre font au total 900 000 morts et plus de 5 millions de déplacés. L'affrontement a rapidement perdu tout contenu idéologique. Dès le milieu des années 1980, le Frelimo avait tourné la page du marxisme, totalement inadapté aux réalités locales (si tant est que le marxisme soit adapté à quelque réalité que ce soit). C'était un combat pour le pouvoir, dans lequel les puissances étrangères avançaient leurs pions. L'Afrique du Sud de l'Apartheid, en particulier, venait combattre au Mozambique les militants de l'African National Congress (ANC), réfugiés dans des bases arrières cachées dans le maquis.

Il faudra attendre la fin de la guerre froide puis du régime d'Apartheid pour que les combats cessent au Mozambique. En 1992, les frères ennemis de la Renamo et du Frelimo signent enfin un accord de paix (les accords de Rome), sous l'égide de la communauté catholique San'Egidio. Les premières élections libres de l'histoire du pays ont lieu en 1994. Le Frelimo les remporte et la Renamo, bon gré, mal gré, respecte le résultat. Plus de 1,5 million de Mozambicains réfugiés dans les pays voisins reviennent chez eux. C'est le début d'une période de croissance rapide, néanmoins insuffisante pour sortir de la pauvreté la majorité des quelques

20 millions de Mozambicains. Entre 1993 et 2012, la croissance moyenne a atteint, selon la Banque mondiale, 7,4 %. La démocratie s'enracine, le Frelimo continuant toutefois à dominer le paysage politique, élection après élection. Sur près de 1 200 entreprises publiques, les deux tiers sont privatisés.

Armando Guebuza devient président en 2004. Il est réélu en 2009.

À peu près à la même période tombe une excellente nouvelle : des réserves fabuleusement riches de gaz naturel offshore sont découvertes dans la zone économique exclusive du Mozambique, ou ZEE. Cette bande de mer, située entre les eaux territoriales proprement dites et les eaux internationales, est large de 200 milles nautiques (370 km), selon les conventions internationales. Les États côtiers ne sont pas propriétaires au sens strict de leur ZEE. Ils ne peuvent pas s'opposer à ce que des navires la traversent, par exemple. Néanmoins, ils ont des droits souverains d'exploitation des ressources naturelles qu'elles abritent. La découverte de gaz au large du Mozambique est donc un cadeau du ciel, à défaut d'être une surprise totale. L'Afrique de l'Est avait connu les années précédentes plusieurs découvertes importantes en matière pétrolière et gazière, en Ouganda, au Kenya et en Tanzanie. Au Mozambique, des petits gisements étaient connus depuis les années 1970 à Pande et Temane. Ils étaient entrés en exploitation en 2004, grâce à la société sud-africaine Sasol. « Le bouleversement dans le secteur survient avec l'attribution en 2005 dans le bassin de

Rovuma (nord du pays, au large de la province de Cabo Delgado, dans le nord du pays) des blocs 1 et 4 opérés respectivement par la firme texane Anadarko et la major italienne ENI », détaille l'expert français Benjamin Augé dans une note publiée en 2016 par l'Institut français d'études stratégiques (Ifri)[1]. « Après quatre ans seulement d'exploration intensive sur deux blocs offshore, le Mozambique est devenu l'un des futurs grands exportateurs gaziers du monde. » L'ex-pays le plus pauvre du continent se retrouve propulsé au neuvième rang mondial des possesseurs de gaz (160 trillions de pieds cubes), encore loin derrière l'Iran et la Russie, mais devant le Nigeria et l'Algérie. Autant de zones où la prospection d'hydrocarbures a commencé il y a des décennies ! L'exploration au Mozambique démarre à peine, et elle donne immédiatement des résultats fracassants. Rapidement, les majors mondiales se bousculent au portillon. Total, ExxonMobil, le russe Rosneft, Sasol, l'italien ENI, la britannique Delonex, le chinois CNOOC, l'indien ONGC, tous se tournent vers Maputo, la capitale, situé tout au sud du pays. À la même époque, le pays monte en puissance dans l'extraction de rubis, supplantant progressivement la Birmanie, dont les ressources s'épuisent. En 2010, en effet, un énorme filon de cette pierre précieuse rouge a été découvert à Montepuez, dans le nord. Dès l'année

1. Benjamin Augé, « Le développement du secteur gazier en Tanzanie et au Mozambique. Les prémices de deux expériences dissymétriques », Notes de l'Ifri, octobre 2016.

suivante, il a été mis en exploitation, avec le concours d'une société britannique, Gemfields. S'ajoutent à cela l'ouverture de mines de charbon et l'augmentation de la production de bauxite, le minerai dont est extrait l'aluminium.

En résumé, toutes les conditions semblent réunies pour que le Mozambique décolle enfin, après des décennies de stagnation. Fin mai 2014, le FMI organise à Maputo sa conférence « Africa Rising ». Christine Lagarde, directrice du fonds, s'y affiche aux côtés du président, Armando Guebuza.

Le modèle à suivre est le Botswana tout proche, passé en trente ans du statut de pauvre entre les pauvres à celui de « Suisse de l'Afrique » ou « miracle africain », grâce au diamant. Le contre-exemple total est la République démocratique du Congo (RDC), incroyablement riche en ressources naturelles, mais ravagée par l'instabilité et les conflits depuis l'indépendance.

Dans le cas du Mozambique, au début des années 2010, rien n'est joué. Le pays se découvre des atouts, mais il traîne aussi de sérieux handicaps. Des routes à la santé, en passant par l'éducation, l'administration des impôts et la police, tous les services publics censés former le socle d'une nation sont dramatiquement sous-développés. Les rendements agricoles sont faibles. Les infrastructures portuaires sont insuffisantes. Le pays est mal armé contre les cyclones qui frappent régulièrement ses côtes. Celles-ci sont longues de 2 400 km, soit approximativement la distance séparant Nice de Gibraltar. Pour surveiller cette immensité, le Mozambique arrive à peine à aligner dix navires en mer simultanément. La piraterie et les trafics prospèrent. L'héroïne en provenance du Pakistan et d'Afghanistan traverse l'océan Indien et débarque sur les côtes mozambicaines, avant de remonter vers l'Europe ou d'être distribuée en Afrique. Des navires étrangers de toutes tailles viennent pêcher sans licence dans les eaux mozambicaines, très riches en poissons, et particulièrement en thons. Avec aussi peu d'atouts dans sa manche, le Mozambique ne peut pas engager seul l'exploitation de ses immenses réserves de gaz sous-marin. Il a besoin des multinationales étrangères, mais il court le risque de les voir accaparer l'essentiel des bénéfices. Les majors mettent en place des plateformes offshores et leurs propres unités de liquéfaction du gaz naturel. Celui-ci sera chargé sur des méthaniers, qui prendront la direction de la Chine, de l'Australie ou du Japon, sans enrichir le Mozambique. Le pays sera tout juste dédommagé, contraint d'accepter des contrats de partage des bénéfices très désavantageux. L'infrastructure gazière sera surveillée par des compagnies de sécurité privées mieux équipées que la marine nationale. Le Mozambique n'aura pas les moyens d'opérer un coup de force comparable à celui du président égyptien Nasser, lorsqu'il a nationalisé en 1956 le canal de Suez, au risque d'une guerre avec la France, le Royaume-Uni et Israël.

Les richesses du Mozambique sont pour le moment simplement potentielles et avant de les générer, il va falloir investir des sommes gigantesques. Bref, tout reste à faire, tout reste à construire. Pour la seule industrie gazière, il est question d'une centaine de milliards de dollars ! Il en faudrait au moins autant pour créer des infrastructures moins spécialisées, routes, ponts, ports, hôpitaux, réseaux d'assainissement, télécommunication. Il faut aussi renforcer les capacités de sécurité et défense nationale. Dès le début, à cet égard, le Fonds monétaire international fait preuve d'une fantastique hypocrisie. Il publie en 2014 un rapport de 194 pages[1] consacré à l'avenir du pays, sans qu'une seule ligne ne mentionne les questions de sécurité et de défense nationale. Le document contient 71 fois le mot « santé », 75 fois le mot « éducation » et zéro fois les mots « police » et « défense » ! Les industriels des matières premières qui regardent vers le Mozambique n'ont pas cet angélisme. Toutes intègrent la nécessité de protéger leurs salariés et leurs installations dans les projets mozambicains.

Le refus du FMI de regarder en face les enjeux de sécurité et de défense dans son rapport de 2014, et même au-delà, était d'autant moins excusable que l'entrée du canal du Mozambique a été touchée par la piraterie à partir de 2011. Dans les années 2005-2010, le point chaud des attaques de navires était la corne de l'Afrique. Profitant du chaos en Somalie et au Yémen, des bandes de pirates lançaient des raids sur tout ce qui se présentait, du voilier au porte-conteneurs, en passant

1. Doris C Ross, Victor Duarte Lledo, Alex Segura-Ubiergo, *La montée en puissance du Mozambique – Construire un nouveau lendemain*, Fonds monétaire international, 2014.

par les chalutiers. Plusieurs États ayant coordonné leurs efforts pour les combattre, les pirates se sont déplacés dès 2008 vers l'est et le sud, approchant des Seychelles, des Comores, de Madagascar et du Mozambique. Or, la santé économique des pays enclavés à l'intérieur du continent, Zambie, Malawi, Zimbabwe et même Botswana, dépend en grande partie de la stabilité et de la sécurité des voies maritimes du Mozambique.

Président du Mozambique de 2004 à 2014, Armando Guebuza n'était pas un naïf. Formé à l'école du maquis, de la guerre de libération nationale puis de la guerre civile, il avait conscience des risques induits par la piraterie et il savait très bien que les ressources du Mozambique allaient attirer des convoitises. Comme il l'a dit un jour à Jean Boustani : « Mon argent est sous l'eau, je mets ma police sur l'eau. » Mettre en exploitation des gisements de gaz sans pouvoir assurer la sécurité maritime aurait été une lourde erreur.

C'est alors qu'entre en scène Privinvest. Le groupe de construction navale propose à Armando Guebuza un kit de sécurité maritime clé en main : un système de surveillance par satellite, 2 chantiers navals complets à terre (un à Pemba et l'autre à Maputo), un navire de 100 m faisant office de chantier naval flottant, des centres de commandes et de contrôle, 16 stations de surveillance côtière, 6 avions de reconnaissance, 3 drones, 3 trimarans de surveillance OE43 à long rayon d'action, 3 intercepteurs HSI32, 3 navires d'intervention tactique ultrarapides WP18 évoluant à 65 nœuds, 36 intercepteurs DV15 plus petits que les WP18 mais évoluant tout de même à 50 nœuds, et 24 navires de pêche au thon. Comme le dit Jean Boustani avec le recul : « Je défie n'importe quel compétiteur d'en faire autant dans les mêmes délais et au même prix. Il faut bien comprendre que nous arrivions dans un environnement totalement démuni. Là où nous allions travailler, il n'y avait parfois même pas de câbles pour amener l'électricité. Nous allions devoir les installer nous-même. » La précision est très importante, car Privinvest va être accusé par la suite d'avoir escroqué le Mozambique.

Dès le début, le deal est clair. La flotte de pêche est une partie du contrat, pas la plus importante, tant s'en faut. Pour autant, ce n'est pas une vente d'armes. Les navires fournis peuvent en embarquer, ils ont clairement vocation à cela, mais Privinvest ne livre ni missile, ni torpille, ni canons. Le Mozambique sera libre de choisir ses fournisseurs. Le contrat prévoit la maintenance, la formation des équipages, des transferts de technologie et des travaux à terre pour améliorer les infrastructures portuaires. Coût total, 2 milliards de dollars. Pour un pays pauvre comme le Mozambique, c'est à la fois considérable et très raisonnable, au regard des dividendes chiffrés en centaines de milliards de dollars que peut générer le gaz naturel. Pour Armando Guebuza, le coût du matériel de Privinvest était en fait celui d'une prime de police d'assurance.

En résumé, le pays se donne les moyens de changer de catégorie.

Le XXI^e^ siècle peut commencer.

# Chapitre 3

## Du Liban au Mozambique

Je suis le né le 14 août 1978 au Liban, pendant la guerre. Comme beaucoup de familles libanaises, la mienne a fui les combats. Mon père, arabophone, formé à la comptabilité et la finance, a trouvé du travail en Arabie saoudite, alors en plein développement. Mes parents sont partis alors que j'étais encore bébé. Pendant les trêves, nous revenions au Liban, où vivaient encore les grands-parents, les oncles, les tantes… J'ai des souvenirs très vifs de cette époque : les immeubles détruits, la peur des bombardements, une évacuation en urgence sur un navire de transport de bétail, de Tripoli à Chypre…

J'ai été scolarisé au lycée français d'Arabie saoudite, puis à celui de Tripoli, quand la paix a permis notre retour, à la fin des années 1980. Mon bac scientifique en poche, j'ai intégré l'université Saint-Joseph, créée par les jésuites à Beyrouth, en section finance appliquée. J'étais bon en classe, très scientifique et doué pour les langues étrangères. J'ai reçu une bonne éducation, mais je ne suis pas issu d'un milieu privilégié. Mes parents sont passés par des moments difficiles, il y a eu des périodes où nous devions économiser. Ce n'était pas la pauvreté, mais celle-ci faisait partie du paysage. Tripoli, ma ville natale, compte certains des quartiers les plus démunis du bassin méditerranéen. Je pense que ce genre de jeunesse affecte votre psychologie. L'instabilité développe les capacités d'adaptation et la débrouillardise. Inconsciemment, je me suis habitué à un environnement fait d'insécurité et d'imprévisibilité.

À la fin de mes études, en 2000, à l'âge de vingt-deux ans, j'ai intégré le cabinet d'audit international Deloitte à Abu Dhabi. C'est la capitale des Émirats arabes unis, un groupement de sept émirats, chacun tenu par une famille régnante, avec des dirigeants politiques qui sont aussi, très souvent, des hommes d'affaires. Je le souligne, parce qu'au Mozambique également, plus tard, j'ai rencontré des ministres entrepreneurs. C'est un schéma qu'il ne faut pas assimiler à la corruption ou à l'affairisme.

En 2005, j'ai démissionné de Deloitte. Je ne me voyais pas passer ma vie dans une grande organisation. Avec un ami émirati, je me suis tourné vers l'Afrique, pour y développer des projets dans les télécommunications. Le secteur était alors en plein boom. C'est à cette époque que j'ai commencé à développer un réseau d'intermédiaires.

Les intermédiaires sont des personnes capables de vous mettre en relation avec les décideurs. Sans eux, à moins de connaître personnellement quelqu'un de très haut placé, impossible de décrocher des contrats, une licence de téléphonie ou une quelconque autorisation. En Europe ou aux États-Unis, on parlerait sans doute de lobbyistes. C'est légal, normal, usuel.

À Abu Dhabi, en 2005, j'ai fait la connaissance d'Iskandar Safa. Nous avions rapidement sympathisé et il m'avait proposé de rejoindre Privinvest, avant même que je quitte Deloitte. Je n'ai pas pu accepter tout de suite car je devais mener à bien un projet de télécommunication en Ouganda. Je m'étais engagé vis-à-vis de mon partenaire. Finalement, en 2008, nous avons abouti. Je me suis alors senti libre d'accepter la proposition d'Iskandar. J'ai intégré Privinvest, et proposé de développer les affaires du groupe en Afrique. Iskandar Safa ne connaissait pas le continent, il m'a fait confiance. De 2008 à 2011, j'ai sillonné l'Afrique dans le but de décrocher des contrats pour mon employeur.

J'aime beaucoup l'Afrique. Grandir dans un pays multiconfessionnel comme le Liban, avec ses dix-huit religions officiellement reconnues, vous apprend à composer avec différentes mentalités. Le climat africain me convient, je suis à l'aise en français, anglais, arabe, espagnol et portugais. Je dois dire que je me sens aussi plus à ma place dans des pays qui ne sont pas encore totalement normés, encadrés, rigides… J'aime beaucoup la France, mais je ne crois pas que j'aimerais y travailler.

Je me suis intéressé au Mozambique pour la première fois en 2011. Un de mes contacts, Bassey – une Sud-Africaine passée par les services de renseignement de son pays –, m'a signalé que la Namibie cherchait à se doter d'un système de surveillance de sa zone maritime économique exclusive (ZEE). C'était également le cas du Kenya, de la Tanzanie, du Nigeria et du Mozambique. J'en ai parlé à Iskandar Safa, qui a décidé d'engager Privinvest dans ces projets. Il s'agissait de développer une offre intégrée. Aligner des navires et construire des radars ne suffit pas. Pour qu'un système de surveillance maritime soit efficace, il faut que les différents équipements communiquent entre eux. C'était un projet assez sophistiqué, qui, au départ, n'a pas été pensé spécifiquement pour le Mozambique. En m'intéressant au pays sur les conseils de Bassey, qui connaissait beaucoup de personnes influentes là-bas, j'ai vu qu'il y avait une opportunité.

Le réseau de Bassey plongeait ses racines dans la lutte anti-apartheid... Elle a longtemps milité contre le régime de Pretoria. À de nombreuses reprises, dans les années 1970 et 1980, elle a trouvé refuge au Mozambique. Le parti Frelimo du président Guebuza, qui a pris le pouvoir à la fin de la guerre civile à Maputo, était anti-apartheid. Les connexions de Bassey datent de cette période. C'est encore elle qui m'a présenté à Teófilo Nhangumele, qui allait devenir mon intermédiaire au Mozambique, et dont il a longuement été question à mon procès. Il connaissait beaucoup de monde, il parlait un anglais parfait... Au début, Teófilo m'a fait rencontrer le ministre des Sciences et des Technologies. Nous avons discuté des besoins du pays et de la manière dont Privinvest pouvait y répondre. Nous nous sommes vus plusieurs fois pour évoquer les perspectives des hydrocarbures, du tourisme, de l'agriculture, des mines, de l'industrie…

J'écoutais beaucoup, tout en m'efforçant de vendre les compétences de Privinvest. Le pays avait 3 000 km de côtes à sécuriser. C'est l'équivalent de la distance qui va du sud du Portugal jusqu'au Danemark ! Rapidement, j'ai été mis en contact avec l'agence en charge des affaires maritimes au Mozambique, l'Inamar. J'ai été accueilli à bras ouverts. L'Inamar voulait améliorer la sécurité de la zone économique exclusive depuis longtemps. Elle était confrontée, en plus de la piraterie, à la pêche illégale, au braconnage, au trafic de drogue et au trafic d'êtres humains. La découverte d'énormes réserves de gaz offshore rendait la surveillance des côtes encore plus vitale. La tâche était immense, le préjudice annuel pour le pays se chiffrait en milliards de dollars, mais l'Inamar manquait d'équipements, de fonds, de compétences, de tout ! À une époque, il y avait eu un système de surveillance performant, installé par l'URSS, qui soutenait le Frelimo pendant la guerre civile, mais ce n'était qu'un lointain souvenir.

Au fil des discussions, il est devenu évident que Privinvest pouvait faire une proposition. J'ai fait signer un accord de confidentialité à Teófilo Nhangumele, contre rémunération, cela va de soi. Nous entrions dans le vif du sujet. J'étais enthousiasmé. Le projet était énorme, très important pour Privinvest comme pour le Mozambique. Teófilo a continué son travail de prise de contact. Rapidement, il m'a dit que nous aurions besoin du feu vert d'Armando Guebuza, président de la République et homme fort du pays. Puis en novembre 2011, il m'a demandé de l'argent pour faciliter les contacts au plus haut niveau. J'ai refusé.

Chez Privinvest, la règle est de ne pas avancer d'honoraires aux intermédiaires pour débloquer un dossier, pour éliminer tout risque de pot-de-vin. Nous payons après, quand c'est signé. En l'occurrence, on ne parlait pas d'un contrat ordinaire, mais plutôt d'un mariage entre Privinvest et le Mozambique. Il fallait construire des bâtiments, installer les équipements. Du béton à l'électronique, tout était à faire. Nous allions nous engager pour des années. J'ai invité le gouvernement du Mozambique à Abu Dhabi et en Allemagne, afin de visiter nos chantiers là-bas. J'avais confiance dans nos capacités, il fallait que les Mozambicains voient ce dont nous étions capables. L'organisation a été assez compliquée, mais en décembre 2011, une délégation est venue à Kiel, en Allemagne. Le fils du président, Armando Ndambi Guebuza, était du voyage, ainsi qu'Antonio do Rosario, le chef du renseignement économique, et Teófilo Nhangumele. Je crois qu'ils ont été impressionnés. À un moment, une question légitime a surgi : qui, en dehors de Privinvest, pourrait fournir cette offre globale, comprenant les navires, les radars, le quartier général ? Mes collègues allemands, en toute transparence, ont dit que c'était l'américain Raytheon. Comme le groupe US avait des sites en Allemagne, Privinvest a organisé une visite pour les Mozambicains.

Nous rendions service à nos concurrents, mais c'était aussi un moyen de gagner du temps, parce que la délégation du Mozambique avait reçu consigne de comparer plusieurs fournisseurs. Tôt ou tard, ils seraient allés voir Raytheon. Par ailleurs, Raytheon ne fait pas de navires. Au pire, nous savions que nous aurions une part du marché. En définitive, la délégation mozambicaine a préféré Privinvest. On nous a demandé de faire une offre technique et financière. Nous étions en bonne voie, mais rien n'était encore bouclé. Pourtant, Teófilo Nhangumele a choisi ce moment pour revenir à la charge, et demander de l'argent.

Il réclamait 50 millions de dollars, une partie pour lui, une partie pour verser des commissions au plus haut niveau... Ce n'était pas du tout conforme aux usages. La somme était extravagante et comme me l'a expliqué Iskandar Safa, un intermédiaire à la hauteur se rémunère au pourcentage. Iskandar trouvait les prétentions de Teófilo tellement ridicules qu'il commençait à se désintéresser du dossier. Il m'a proposé de laisser tomber. J'ai insisté... Teófilo a finalement obtenu 5 % sur les contrats qu'il a aidé à conclure, soit 8,5 millions, ce qui n'est pas si mal.

Nous étions désormais fin 2011 : l'horizon s'éclaircissait. Privinvest était prêt à se mettre au travail, mais le Mozambique n'avait pas encore dit oui... Il y a eu une seconde visite officielle à notre chantier émirati, à Abu Dhabi Mar, en présence d'Iskandar Safa, en janvier 2012. Ndambi Guebuza, le fils du président, l'a rencontré. Nous lui avons également organisé une rencontre avec un membre de la famille régnante, qui est actionnaire d'Abu Dhabi Mar. L'émirat était intéressé par des investissements au Mozambique, lui aussi. Pas dans les hydrocarbures, il n'en manque pas. Plutôt dans les terres agricoles…

Dès cette époque, le système de surveillance était vu comme un investissement, pas comme une dépense à fonds perdu. Le modèle économique était limpide. Il y a du gaz offshore ? Il y aura des compagnies exploitantes. Elles auront besoin de sécurité, et seront prêtes à payer des millions et des millions pour l'obtenir. Pourquoi laisser le marché à une société privée étrangère ? C'est le Mozambique qui va sécuriser sa zone économique exclusive. C'est rentable et c'est une marque de souveraineté nationale. Le Mozambique enverra au monde un message sans équivoque : « L'instabilité est finie, nous sommes un pays sûr. » Il y avait d'autres perspectives : mettre fin à la pêche illégale massive et faire du Mozambique le sas d'import-export pour les pays sans débouché maritime comme le Malawi, la Zambie, le Zimbabwe, le Botswana et même le sud-est du Congo.

C'était très enthousiasmant ! Je prévoyais de m'installer au Mozambique en famille, de demander la nationalité mozambicaine. De 2011 à 2016, j'ai passé en moyenne deux semaines par mois dans le pays. Soyons clairs, je ne sous-estimais pas les difficultés qui nous attendaient. Elles étaient considérables. J'avais parcouru la côte du sud au nord en 4×4, dormant dans des villages de brousse totalement démunis. Les routes étaient en très mauvais état, je m'étais fait tirer dessus, l'administration n'était pas très efficace. Nous étions dans un pays prometteur, mais qui restait un des plus pauvres de la planète. D'ailleurs, le gouvernement n'avait pas la trésorerie pour nous payer cash. À un moment, j'ai imaginé une sorte de troc, les équipements contre les matières premières. Compliqué. Nous nous sommes orientés vers un financement plus classique. Le Mozambique nous a demandé de l'aide pour trouver une banque prêteuse. Akram Safa, le frère d'Iskandar, connaissait un responsable du Crédit suisse, Saïd Freiha. Privinvest n'avait jamais monté de plan de financement pour un client. Je l'ai tout de suite dit à Saïd Freiha. Pour le Crédit suisse, c'était la routine, mais Saïd a immédiatement attiré mon attention sur un point. Le Fonds monétaire international (FMI) avait fixé des plafonds d'endettement au Mozambique, comme à d'autres pays en voie de développement, et il fallait les respecter. Il n'y avait pas de problème avec ce plafond de notre côté. Des mois ont passé, les différents ministères discutaient… J'insiste sur ce point : tout le gouvernement était consulté, y compris le ministre de la Défense et futur président Filipe Nyusi, qui prétendra quatre ans plus tard avoir découvert des dettes cachées[1]. Il était au courant de tout ce qui se préparait.

1. Le 14 janvier 2013, le ministre de la Défense Filipe Nyusi, futur président, écrit à son homologue des Finances, Manuel Chang : il lui explique que le financement du programme de surveillance de la zone économique exclusive va coûter trop cher pour être financé sur fonds propres. Il faut emprunter et le Crédit suisse est un partenaire tout indiqué, précise le ministre…

À l'été 2012, le Crédit suisse a formulé son offre de financement. Il y a eu encore d'âpres négociations sur les taux d'intérêt. Privinvest n'était pas directement concerné, mais je faisais tout mon possible pour que le Mozambique obtienne son prêt, sans lequel nos projets tombaient à l'eau. Les champs de gaz offshore avaient été découverts entre 2009 et 2011. Plusieurs majors de l'énergie étaient déjà au travail pour mettre ces réserves en exploitation, les mois passaient… L'année 2012 s'est achevée sans que nous soyons parvenus à un compromis satisfaisant sur les conditions de crédit. Alors que je commençais vraiment à désespérer. Iskandar m'a dit alors : « Jean, crois-en mon expérience, si tu ne rencontres pas le président, ce projet ne verra jamais le jour. »

Je me suis rapproché de son fils Ndambi, qui était devenu un proche, et je l'ai mis au pied du mur. On travaillait depuis deux ans, on avait surmonté toutes les difficultés, on avait une lettre du ministre des Finances Manuel Chang confirmant que le projet faisait l'unanimité et… rien. Il fallait que ça se débloque ! Je devais rencontrer le président ! Ndambi m'a alors emmené à une réception au palais présidentiel, un week-end, en janvier 2013, pour l'anniversaire de son père. J'ai réussi à le prendre à part une demi-heure, le jour de ses soixante-dix ans. J'ai présenté rapidement Privinvest, et je lui ai exposé la situation : « Monsieur le président, nous avons un beau projet pour votre pays, mais les décisions traînent… » Il a écouté attentivement. Il était déjà informé, et il semblait surpris par les blocages que je lui signalais. Il m'a dit de prendre rendez-vous, et de passer le voir le lendemain à son bureau pour parler plus en détail. En sortant, j'ai immédiatement appelé Iskandar : cette fois, nous étions vraiment lancés !

Lors du deuxième entretien à son bureau, Armando Guebuza m'a annoncé que les services de renseignement allaient se manifester et qu'il veillerait à ce que les choses avancent. Nous avons parlé de la France, de l'Allemagne, d'Iskandar Safa... À la fin, j'ai pris un gros risque. Je lui ai dit que Teófilo Nhamgumele nous avait demandé 50 millions de dollars, et qu'il avait laissé entendre qu'une partie de la somme devait aller à la présidence. Que devais-je en penser ? Ma question a jeté un froid. Puis Guebuza m'a dit : « Monsieur Boustani, nous parlons d'un grand projet stratégique. Ma réponse est simple : personne, ni moi ni aucun autre responsable mozambicain, n'est autorisé à prendre un centime pour le faire avancer comme il se doit. Si quelqu'un vous demande de l'argent, refusez et venez m'en parler. » Deux heures après ce rendez-vous, l'administration m'appelait, le dossier commençait à se débloquer.

Je crois que le président était sincère quand il évoquait son refus des bakchichs. Au moment où je le rencontre, Armando Guebuza est déjà un des hommes les plus riches d'Afrique. Il ne court pas après l'argent. Son fils Ndmabi roulait en Ferrari avant que je fasse sa connaissance. Le président arrivait à la fin de sa carrière. Il avait compris que le gaz et la prospérité pouvaient se transformer en instabilité pour son pays. Il était sincèrement préoccupé par les questions stratégiques. Il m'avait parlé du Nigeria, de l'Angola, du Congo, dont les ressources en matières premières ont viré à la malédiction. Il redoutait aussi ce qu'on appelle le « syndrome hollandais ». Dans les années 1950, les Pays-Bas ont trouvé du gaz en mer du Nord. L'effet sur leur économie a été dévastateur. Leur monnaie s'est appréciée démesurément, les salaires ont été poussés à la hausse. Le secteur de l'énergie se portait bien, mais toutes les entreprises hollandaises des autres secteurs ont perdu en compétitivité. Pour éviter ce piège, Armando Guebuza voulait développer le tourisme, la pêche, la construction maritime… Autant d'activités qui ont un besoin vital de sécurité. Sans elle, pas de touristes, pas d'investisseurs ! D'où son choix de nous donner le Renseignement comme service référent. Il était préoccupé par un regain de tension provoquée par la Renamo, son vieil ennemi du temps de la guerre civile, mais aussi par la poussée du fondamentalisme islamique. Ils étaient déjà là ! En octobre 2012, Qatar Airways a ouvert une ligne Doha-Johannesbourg-Maputo. Je la prenais souvent. Plus d'une fois, je me suis retrouvé dans un Airbus 350 de Qatar Airways à moitié vide, avec des barbus. Beaucoup de barbus. C'étaient des imams envoyés par le Qatar et qui voyageaient sur une ligne trop peu fréquentée pour être rentable. Par ailleurs, pendant mes déplacements sur le terrain, je voyais les frères musulmans à l'œuvre, soutenus par la Turquie et le Qatar. Ils avançaient, sous couvert de programmes de coopération et de développement. Armando Guebuza prenait cette menace islamiste au sérieux. La suite a montré qu'il avait raison. Le Qatar est un grand producteur de gaz. Il ne voyait certainement pas d'un bon œil l'émergence d'un concurrent puissant comme le Mozambique. La Turquie, de son côté, cherchait à étendre sa zone d'influence dans les secteurs à majorité musulmane du Mozambique, situés dans le nord du pays.

Guebuza s'était battu dans le maquis contre les colons portugais, pour l'indépendance politique. Sur la fin de sa carrière, son objectif était la stabilité et la souveraineté économique du Mozambique. Privinvest pouvait l'aider à atteindre cet objectif, nous étions donc ses alliés.

Il n'a rien demandé pour ses propres affaires. Il m'a simplement rappelé ce que je savais déjà : la famille Guebuza était influente dans le business au Mozambique et elle regarderait avec intérêt toutes les propositions d'investissement et de co-investissement, comme possible partenaire local. Cette demande ne m'a pas choqué. Encore une fois, c'est un mode de fonctionnement qui n'est pas si rare. Pour moi, le président Guebuza était un homologue du prince héritier d'Abu Dhabi, l'homme le plus riche et le plus puissant de son pays. Ni plus, ni moins.

Le 18 janvier 2013, enfin, le contrat ProIndicus, concernant la surveillance de la zone économique exclusive, est signé. On entrait enfin dans le concret. ProIndicus était une société contrôlée à 50 % par le ministère de la Défense et à 50 % par les services de renseignement. Iskandar Safa est venu au Mozambique le même mois, il a rencontré le président. Guebuza a prévenu Iskandar Sofa : il allait demander aux autorités émiraties un avis officiel sur Privinvest. C'est lors de cette rencontre qu'a germé l'idée d'une visite du président Guebuza à notre chantier de Cherbourg, les Constructions mécaniques de Normandie. Pour lui, c'était aussi une occasion de relancer sa relation avec la France, qui a une frontière avec le Mozambique, puisque les îles Éparses, qui se trouvent dans le canal du Mozambique, appartiennent à la France...

Deux semaines plus tard, le 25 février, c'est la signature du contrat de prêt entre ProIndicus et le Crédit suisse. C'est à cette occasion que j'ai fait la connaissance d'Andrew Pearse, le banquier qui deviendra ensuite mon principal accusateur, le témoin clé du DoJ... Ce cher Andrew... Il avait dix ans de plus que moi mais on s'entendait très bien, tous les deux. Il était intelligent, réactif, dynamique... Pearse s'était déjà renseigné sur Privinvest mais il était curieux d'en savoir davantage. Il m'a posé beaucoup de questions. À cette époque, il venait tout juste de démissionner du Crédit suisse. Il a annoncé son départ en décembre 2012, pour être précis. Il était venu à Maputo depuis Londres pour boucler notre dossier, qu'il avait suivi. Il m'a expliqué qu'il était dans une période de transition et qu'il envisageait de lancer son propre fonds d'investissement pour cibler des projets inférieurs à 100 millions de dollars qui n'intéressaient pas le Crédit suisse. Tout de suite, il a évoqué la possibilité de travailler avec Privinvest. Il était surpris que notre groupe n'ait pas une division financière. Il soulevait un point intéressant. La plupart de nos clients sont demandeurs de solution de financement et nos principaux concurrents, en particulier les entreprises publiques adossées à des États, sont en mesure de leur en proposer. J'avais déjà entendu Iskandar Safa regretter que nous ne puissions pas en faire autant. J'ai proposé à Andrew Pearse de formaliser par écrit ce que pourrait être une collaboration entre Privinvest et la structure financière qu'il imaginait. Dès le lendemain, il m'en a reparlé. Il était visiblement convaincu que le Mozambique allait devenir un eldorado gazier offrant de nombreuses opportunités pour des financiers comme lui. C'est ainsi qu'a vu le jour Palomar, filiale contrôlée aux deux tiers par Privinvest, avec Andrew Pearse comme associé détenant le dernier tiers. Pour être précis, nous n'avons pas créé Palomar. Nous avons racheté une petite structure déjà existante, et qui possédait les agréments indispensables.

Si les choses sont allées aussi vite, c'est que le courant était bien passé. Son attitude me plaisait. Souvent, en Afrique, les Occidentaux n'arrivent pas à cacher leur arrogance et leur dégoût. Quand ils sont obligés de venir, ils font tout pour repartir au bout de trois jours. Rester un week-end ? Surtout pas ! Pearse, bien que Néo-Zélandais, financier de la City de Londres, formaté par vingt ans de Crédit suisse, n'était pas de ces gens-là. C'était un bon vivant. Il venait, il restait, et il revenait s'il le fallait. Moi qui avais tenu à comprendre le Mozambique, à m'imprégner des mœurs locales, j'appréciais. Je ne m'étais pas contenté de vendre des stations radars. Je m'étais rendu aux endroits où elles devaient être implantées, avec les représentants de l'armée et des services de renseignement, afin de mesurer les conséquences en termes d'expropriations et de conflits locaux. Il fallait parfois une journée pour faire 500 km sur les pistes mozambicaines, mais c'étaient des déplacements qui me semblaient indispensables pour m'imprégner du terrain. Ce projet, c'était mon bébé, et je me voyais déjà le dupliquer dans d'autres pays africains !

Après une année 2012 frustrante, 2013 se déroule donc en fanfare. C'est le décollage. Le président Guebuza s'est rendu à Abu Dhabi Mar en mars. Sa visite en France à l'automne s'est très bien passée (voir chapitre suivant). La construction des navires suivait son cours : des chalutiers, des intercepteurs HSI32 et DV15, des trimarans ultrarapides Ocean Eagle avec leurs drones… Nous avions aussi démarré les chantiers sur le port de Maputo ainsi qu'à Pemba, dans le Nord. Les programmes de formation et de transfert de compétence démarraient… De leur côté, les majors du gaz et du pétrole avançaient bien. L'italien ENI, le texan Anadarko, British Petroleum, Total, le japonais Mitsui, le thaïlandais PTT, le chinois CNPC, l'américain Exxon, le russe Rosneft, le sud-africain Sasol, Oil India, tout le monde était sur l'affaire. Il fallait compter quelques années avant d'entrer en exploitation, mais l'optimisme était de rigueur.

Le 25 juin 2013, pour la fête nationale du Mozambique, nous avons organisé un show-room à Maputo. En novembre, le ministre des Pêches, Victor

Borges, a expliqué au Parlement du Mozambique à quoi allaient servir les emprunts. Il a évoqué les radars, les installations portuaires, les transferts de technologie, les coûts de licences, la formation des personnels et les intérêts du prêt pour la première année.

On peut se demander si le Mozambique n'a pas pris des risques inconsidérés en levant autant d'argent, bien sûr. Entre 2013 et 2014, ce sont au total trois prêts, pour un montant global de 2 milliards de dollars, qui sont souscrits. En réalité, les emprunts étaient élevés mais ils n'étaient pas excessifs. D'ailleurs, les deux premières années, le pays a fait face sans difficulté à ses échéances. Les banques se bousculaient pour financer le Mozambique. Les obligations mozambicaines ont été placées sans aucune difficulté. On peut même dire que les gestionnaires d'actifs spécialisés dans la dette des pays émergents se les arrachaient ! Pourtant, ce ne sont pas des tendres. L'évaluation des risques est leur métier.

La machine s'est néanmoins grippée. Avant d'expliquer pourquoi, il faut parler de ce que savait la France dans ce dossier…

# Chapitre 4

## Le rôle de la France

La France a su dès le début tout ce que faisait Privinvest au Mozambique. Tout ! Nous ne travaillons pas au noir. Pour vendre des bateaux comme les nôtres, il faut un « end user certificate », ou EUC, et une « export licence », délivrés par le pays d'origine. Pour rappel, les navires vendus au Mozambique sortaient en grande partie de notre chantier à Cherbourg, les Constructions mécaniques de Normandie (CNM), et aussi de celui de Kiel, en Allemagne. Sans parler des autres équipements made in France vendus par Privinvest au Mozambique. Les deux gouvernements – français et allemand – étaient donc informés. Nous n'aurions d'ailleurs jamais pu exporter ce matériel sans leur accord. Comme à son habitude, Privinvest a obtenu les feux verts nécessaires, en passant par des procédures réglementaires. Dans le cas des contrats du Mozambique, le degré d'information du gouvernement français allait même au-delà. Il y a eu beaucoup de discussions constructives avec Privinvest. Je peux en parler, j'y étais. En juin 2013, le ministre des Finances du Mozambique, Manuel Chang, a été reçu à Bercy, en visite officielle. Au ministère, ce jour-là, il y avait Arnaud Montebourg, ministre de l'Économie, Bernard Cazeneuve, ministre délégué au Budget (et ex-maire de Cherbourg), Henri Proglio, patron d'EDF, Iskandar Safa, patron de Privinvest… et moi. Les photos de cette visite sont encore sur le site du ministère. Je suis hors champ, mais j'étais présent.

On peut dire sans exagérer qu'Iskandar Safa était le co-organisateur de cette rencontre officielle. Elle s'inscrivait dans un rapprochement intense entre la France et le Mozambique. En 2013, tout le monde se bousculait pour y travailler. On venait de découvrir des gisements de gaz énormes. C'était le « Qatar de l'Afrique », comme on disait à l'époque ! Même si en ce moment, il s'agirait plutôt de la Syrie de l'Afrique, au moins dans le Cabo Delgado. Toujours est-il qu'il y a huit ans, la situation était très différente. Paris voulait se rapprocher de Maputo. Nous avions déjà de bons contacts sur place, on nous a donc mis dans la boucle.

Le président mozambicain, Armando Guebuza, est venu à son tour en France, fin septembre 2013. Sa visite était axée sur la diplomatie et la géopolitique, les contrats éventuels avec des entreprises françaises, mais surtout l'état d'avancement des navires que nous étions en train de fabriquer pour le Mozambique à Cherbourg. Les deux chefs d'État se sont rendus aux chantiers des Constructions mécaniques de Normandie, le 30 septembre.

À cette époque, la presse a parlé d'un contrat de 200 millions d'euros « entre le Mozambique et la France ». Il s'agissait en réalité d'un contrat entre le Mozambique et Privinvest, qui effectivement, impliquait également les autorités françaises. Il était question d'une trentaine de navires : des chalutiers, des palangriers, mais aussi des patrouilleurs très performants, pour sécuriser les eaux mozambicaines. Un volet pêche, un volet défense. Tout était sur la table, tout était explicite. Nous avons été aussi transparents qu'il est possible de l'être dans ce genre de marché. Contrairement à ce que laissait entendre Associated Press dans une dépêche datée du 30 septembre 2013[1], Privinvest n'a pas vendu d'armes au Mozambique, mais, bien entendu, le genre de patrouilleurs que le pays avait commandé a vocation à être armé. Là aussi, tout le monde le savait. On ne parle pas d'armes rustiques. Les HSI32 fabriqués à Cherbourg sont des navires très performants, filant à 50 nœuds (près de 93 km/h) et pouvant emporter des canons de 30 mm et des missiles. Équipés comme il faut, quelques-uns de ces bolides peuvent couler à eux seuls des navires beaucoup plus gros. Si tout s'était passé comme prévu, le Mozambique aurait des HSI32 en service. Il a été le premier pays au monde à en être doté. Nous avons aussi vendu au Mozambique des intercepteurs WP18, un bateau d'intervention tactique capable de tirer des missiles en naviguant à près de

1. S. Corbet et A. Charlton, « France-Mozambique ship deal raises questions », *Associated Press*, 30 septembre 2013.

70 nœuds (près de 130 km/h). Avançant en formation (« wolves pack »), ils peuvent couler un porte-avions. Ce n'est pas le genre de matériel que l'on vend à la sauvette. Je le dis sans prétention, pour le Mozambique, c'était formidable. Le pays a été équipé de HSI32 avant l'Arabie saoudite – qui en a commandé des dizaines par la suite – alors que le royaume se flatte d'avoir toujours du matériel dernier cri.

Le gouvernement français savait que les contrats entre le Mozambique et Privinvest ne se limitaient pas aux commandes passées au chantier de Cherbourg. Il était au courant des autres aspects de ces contrats, en particulier les achats de stations radars. Lors de sa visite à Cherbourg, François Hollande a souligné que le contrat signé avec les CMN était seulement « une partie d'un accord plus large » entre le Mozambique et Privinvest. C'était même une petite partie ! Il y avait eu des réunions en amont entre nous et le gouvernement français. Iskandar Safa a briefé ses correspondants sur le volume exact de nos projets et nos engagements là-bas pour préparer la venue d'Armando Guebuza en France en 2013. Il est impossible de vendre ce matériel sans une licence d'exportation côté français et sans un certificat de destinataire final côté mozambicain. Il ne faut pas oublier que la France est voisine du Mozambique. Le département de Mayotte se trouve à 530 km seulement du continent. Autrement dit, moins d'une demi-heure en hélicoptère. Sans parler des nombreux navires français qui sillonnent la zone et des îles Éparses, possession française entre Madagascar et le continent :

(Europa, Bassas da India, Juan de Nova, l'archipel des Glorieuses, plus Tromelin, au nord de Madagascar). Il s'agit bien souvent de simples atolls déserts, mais entourés d'une vaste zone économique exclusive chacun. 640 400 km$^2$ au total. Sur Europa, on trouve une garnison de militaires français, aux Glorieuses, une piste aérienne de 1 300 m, et à Juan de Nova, un aérodrome plus petit… En résumé, de nouveaux intérêts économiques s'ajoutaient aux intérêts stratégiques. J'ai rencontré Olivier Bouygues, Henri Proglio… Nicole Bricq, ministre du Commerce extérieur, est venue au Mozambique en mars 2014, quelques mois après la visite du président Guebuza en France, avec une délégation de 27 entreprises. Les projets n'ont pas abouti, mais on a essayé de rendre service. Sans le crier sur les toits, mais sans se cacher non plus.

« Rendre service », voilà une chose qui a souvent été reprochée, en France, à Iskandar Safa. Nous sommes Libanais, c'est le Proche-Orient ! Il y a quelque chose dans notre éducation, nos traditions, notre psychologie, en un mot notre culture, qui nous pousse spontanément à aller au-delà nos obligations mécaniques et contractuelles vis-à-vis de nos clients. Iskandar Safa aide des décideurs, il construit un réseau des relations. Le Mozambique nous a fait l'honneur de nous choisir pour bâtir le système de protection de sa zone économique exclusive, sa flotte nationale de pêche, son industrie nationale de construction navale, son infrastructure offshore, etc. Quand les autorités nous demandent ensuite de les aider en faisant du *lobbying* pour eux en France, nous le faisons immédiatement. C'est presque un réflexe.

Il y a des dizaines de pays où le relationnel est le mode de fonctionnement officiel. L'erreur, c'est de croire que ces pays sont arriérés et que leur manière de faire est archaïque. Dans beaucoup de monarchies du Golfe, arrivé à un certain niveau, vous travaillez forcément avec la famille régnante. Des relations interpersonnelles se nouent et elles comptent beaucoup. Cela ne signifie pas que les gens sont achetés. Ce n'est pas du copinage. Tandis que d'autres pays sont obsédés par les règles, les process de décision impersonnels, avec du contrôle de « compliance » (ou conformité) à tous les niveaux. Grand bien leur fasse, mais de quel droit donnent-ils des leçons à la terre entière, directement ou par ONG interposées ? J'ai quand même été mis en prison pendant onze mois par des obsédés de la « compliance », alors qu'ils n'avaient rien à me reprocher. Il est aisé de faire courir des rumeurs de corruption à coups de sous-entendus. Les enquêtes, elles, prennent des mois, parfois des années. En attendant, le mal est fait.

Tout cela rappelle l'histoire ahurissante des otages du Liban. Iskandar parvient à les faire libérer. Résultat, un juge français ouvre une enquête sur lui ! Le dossier était vide, mais il a fallu des années pour que la justice le dise.

En 1985, alors que le Liban est déchiré par la guerre, deux diplomates, Marcel Carton et Marcel Fontaine, un journaliste, Jean-Paul Kauffmann, et un sociologue,

Michel Seurat, sont enlevés à Beyrouth. Immense émotion en France. Michel Seurat décède en captivité en 1986, probablement d'une maladie. Les trois autres otages sont relâchés le 4 mai 1988, quatre jours avant le second tour de la présidentielle, qui oppose alors François Mitterrand et Jacques Chirac. Celui-ci, alors Premier ministre, s'attribue le mérite de leur libération, arrachée avec l'aide de son fidèle ministre de l'Intérieur, Charles Pasqua. En vain, puisque Mitterrand gagne, mais peu importe, en l'occurrence. En 2002, coup de théâtre, une note de la direction de la Sûreté du territoire fuite dans la presse. Elle accuse le clan Pasqua d'avoir versé une rançon aux ravisseurs dans le but de faire un coup électoral. Pire, d'avoir détourné à son profit une partie de cette rançon ! Le tout avec l'aide discrète… d'Iskandar Safa. Il est alors mis en examen. Un individu affirmant être son chauffeur témoigne qu'il a versé des enveloppes à Charles Pasqua et à certains de ses proches. Le 11 août 2004, *Le Monde* titre « Derrière l'affaire des otages, les largesses consenties au clan Pasqua ». La culpabilité d'Iskandar Safa et celle de Charles Pasqua sont présentées comme établies, leur condamnation fait figure de simple formalité, jusqu'à l'effondrement final. En octobre 2009, un juge d'instruction prononce un non-lieu général pour les onze mis en examen, suivant les réquisitions du parquet. Effectivement, le dossier était vide…

Et pendant qu'il était poursuivi par la justice française, Iskandar Safa a continué à travailler pour l'export français. S'il veut un jour raconter en détail son rôle dans l'affaire des otages, il le fera. Tout ce que je peux dire, c'est qu'il a employé ses propres moyens pour les sauver et qu'il a réussi. C'est un homme de valeur, de sacrifice, d'honneur, très discipliné, organisé, doté d'un grand self-control, une âme unique et spéciale. C'est bien plus que mon patron. J'étais otage, moi aussi, et il m'a sauvé. Je lui dois la vie. D'ailleurs, est-il vraiment mon patron ? Je n'ai même pas de contrat de travail, pas de bureau à Privinvest, pas d'horaires, pas de fiche de poste. Je lui rends compte directement.

Nous marchons à la confiance depuis le début. Je l'ai rencontré en 2004-2005. Je travaillais sur un projet pour le président de la Chambre de commerce et d'industrie d'Abu Dhabi, où Privinvest était déjà implanté. Comme je le disais, j'étais alors consultant chez Deloitte Touche Tohmatsu Limited. C'est là que j'ai rencontré Iskandar Safa. Il est Libanais, comme moi, très courtois, serviable, généreux, hospitalier. On a noué une relation cordiale. Je n'avais même pas encore trente ans, il en avait vingt de plus. Il possédait un solide réseau à Abu Dhabi. Quand j'ai rejoint son groupe en 2008-2009, c'est moi qui lui ai proposé de développer l'Afrique. Lui ne s'était pas vraiment intéressé à ce continent, jusque-là. Il m'a dit de foncer. J'ai commencé à activer mes contacts pour voir ce que le groupe pouvait y faire. Les résultats ont suivi. Il y a beaucoup de fantasmes, de rumeurs et de désinformations qui circulent en France sur le compte d'Iskandar. On raconte que l'origine de sa fortune est obscure, qu'il a obtenu la nationalité française pour service rendu, qu'il l'a demandée par opportunisme... *Bullshit* ! Obscure, l'origine de sa fortune ? La famille Safa était déjà riche et influente avant sa naissance. Ses oncles avaient une des plus grandes entreprises de BTP du Proche-Orient. Son père – qu'il a perdu très jeune – était directeur de cabinet du premier président libanais. Quand la guerre du Liban a éclaté, en 1975, il avait vingt ans. Il s'est engagé du côté chrétien, convaincu de se battre pour empêcher une prise de contrôle du Liban par l'Organisation de libération de la Palestine de Yasser Arafat. Je sais qu'il a participé aux grandes batailles de Beyrouth de 1975 à 1978. Il a rapidement compris que ce n'était pas une guerre simple. Le conflit devenait vraiment tordu et il a préféré se retirer. Il est parti travailler avec ses oncles et s'est rapidement tourné vers le Golfe. D'abord dans le foncier et l'immobilier, puis dans la construction navale. Son réseau étendu sur place n'a rien d'étonnant. Avant la guerre, le Liban était l'hôpital, la villégiature et l'école des riches familles du Golfe.

Pendant cette guerre, les Safa, comme beaucoup de Libanais, se sont repliés sur la France. Encore une fois, ils n'étaient pas en terrain inconnu. La mère d'Iskandar passait déjà ses vacances dans le milieu jet-set de Saint-Tropez dès les années 80. Aujourd'hui, il possède un domaine sur la Côte d'Azur, à Barbossi, sur la commune de Mandelieu-la-Napoule. Il y a un hôtel, un golf, des restaurants... Et alors ? L'endroit lui plaît, il a acheté. La France est sa seconde patrie, c'est normal. La mienne, c'est le Mozambique ! Je m'y serais sans doute installé durablement, si les choses s'étaient passées différemment. Je suis francophone, mais je ne suis pas français, je n'ai même pas de titre de résident. Je ne me vois pas vraiment vivre en France. J'aime ce pays, mais je n'ai pas grand-chose à voir avec lui, dans le fond. Iskandar Safa, c'est autre chose. Il a la nationalité française, est diplômé de l'Institut européen d'administration des affaires (Insead) de Fontainebleau. C'est d'ailleurs grâce à lui que l'école s'est implantée à Abu Dhabi. On a même tenté d'amener l'établissement au Mozambique.

Dans l'affaire des otages du Liban, ce sont les politiques français qui sont venus le chercher. Les otages étaient retenus depuis des années, l'un d'eux était mort… Il a mis ses relations, son argent, sa connaissance du pays à leur service. Il n'a rien demandé en retour. Il n'a pas sauvé trois vies dans un calcul sordide, en spéculant sur quelle contrepartie exiger, comme la nationalité française ou des passe-droits quelconques. Iskandar Safa a toujours voulu aider la France en tant que Français de cœur, puis citoyen français.

En 1992, quand il a racheté les Chantiers mécaniques de Normandie, ce n'était pas la France qui lui faisait une faveur. C'était plutôt le contraire ! L'entreprise avait des décennies d'ancienneté, elle avait déjà construit près de 130 patrouilleurs pour une vingtaine de marines dans le monde, mais elle avait été confrontée à plusieurs plans sociaux. Elle était en redressement judiciaire et les candidats à la reprise ne se bousculaient pas. La guerre froide finissant, tous les États taillaient dans les dépenses militaires, les carnets de commandes étaient plutôt vides. Privinvest a remis l'entreprise à flot. Iskandar Safa a apporté des dizaines de millions d'euros pour la recapitaliser et relancer l'export. Alors même qu'il était mis en examen pour son rôle dans l'affaire des otages ! Quand je regarde ce parcours, je vois tout le contraire d'un opportuniste. C'est un homme qui s'est engagé et a pris des risques. Il connaît des personnalités politiques françaises, et alors ? Il en connaît davantage dans d'autres pays, et tant mieux pour les exportations hexagonales. De mon côté, je connais des chefs d'État et des ministres africains. Cela fait partie de mon travail. Iskandar Safa ne fait pas de politique et les politiques français le savent. Il avait de bonnes relations avec Charles Pasqua (1927-2015), qui était de droite, comme avec Bernard Cazeneuve, qui est de gauche[1]. Il a aussi de bonnes relations avec les familles régnantes du Golfe.

Certains lui ont reproché de vouloir s'offrir un outil d'influence en rachetant *Valeurs Actuelles*, en 2015. Pur fantasme. Les journaux ont un potentiel de rentabilité, des fichiers d'abonnés avec une valeur intrinsèque. Iskandar Safa les regarde avec un œil d'investisseur. Il ne se mêle pas de la ligne éditoriale. En 2017, il a aussi racheté *Mieux vivre votre argent*, qui n'est pas un journal d'opinion, et s'est intéressé à *Nice-Matin* en 2019. D'ailleurs, combien *Valeurs*

1. Ministre du Budget, ministre de l'Intérieur puis Premier ministre de François Hollande, maire de Cherbourg jusqu'en 2012.

*Actuelles* a-t-il fait d'articles sur mon incarcération et mon acquittement ? Zéro. J'aurais d'ailleurs préféré que les autres journaux s'abstiennent également ! En France, la couverture médiatique de mon arrestation et de mon procès a été consternante. J'étais coupable avant d'avoir été jugé. Les journalistes français ont repris les éléments de langage du DoJ et des ONG : « dette cachée », « corruption », « pots-de-vin », « opacité », etc. Il y a eu beaucoup d'articles au moment de mon interpellation et quasiment aucun le jour de mon acquittement. Mediapart a fait une longue enquête à sens unique, celui de ma culpabilité évidente, en janvier 2019. À les lire, l'affaire était déjà pliée, et le jugement une simple formalité. Onze mois plus tard, pas une ligne pour dire que le dossier du DoJ s'était effondré ! Ont-ils au moins tiré les leçons de leur raté ? Pas du tout. Le 11 mars 2021, nouvel article de *Mediapart*, de la même journaliste, qui titre : « L'étau se resserre autour du patron milliardaire Iskandar Safa ». « Accusé par l'État du Mozambique d'avoir corrompu des dirigeants politiques », celui-ci « doit s'expliquer devant la justice britannique ». N'importe quoi ! Le 11 mars, la High Court (cour d'appel de Londres) a rendu une décision qui nous était, au contraire, très favorable. Déclarant que les contrats de fournitures de Privinvest n'avaient pas été obtenus par des moyens de corruption et que le Mozambique devait se tourner vers l'arbitrage prévu par les contrats en question (en Suisse), tout comme Privinvest a commencé à le faire dès 2019. Il suffit de lire les dépêches en anglais pour comprendre que ce jour-là, « l'étau » ne se resserrait pas du tout sur Iskandar Safa. C'était au contraire un jour de victoire pour nous. Le même jour, l'hebdomadaire spécialisé *Le Marin* titrait « Le Mozambique perd une manche contre Privinvest » ! C'est d'ailleurs l'État du Mozambique qui a annoncé vouloir faire appel de la décision du 11 mars 2021, pas nous ! Mais cela, je ne suis pas sûr que les lecteurs de *Mediapart* l'aient su.

# Chapitre 5

## Intermède
## Le début des ennuis

« Vous êtes à la recherche de nouvelles perspectives commerciales ? Vous voulez saisir les opportunités qui seront présentées dans un pays trop peu connu, bénéficiant d'une forte croissance ? Direction Maputo ! » Voilà comment était présenté un colloque sur le Mozambique organisé par l'agence Ubifrance au Sénat, à Paris, le 12 mars 2015.

L'ex-pays le plus pauvre d'Afrique fait alors figure d'eldorado. Année après année, il enregistre des taux de croissance impressionnants, de 6 % à 9 %. Tout n'est pas rose, bien sûr. Les alternances de sécheresse et d'inondations pèsent sur les rendements agricoles et les Mozambicains sont encore loin de manger à leur faim dans les régions les plus défavorisées, mais le taux de pauvreté recule presque d'un point chaque année. Il est passé de 60 % de la population au début des années 2000 à 48 % en 2015. Les investissements internationaux sont dynamiques, à commencer par les minerais et le gaz, mais l'agriculture en profite également. À côté des Brésiliens (lusophones, comme le Mozambique), très présents, on croise les Français de la grande coopérative sucrière Tereos.

Néanmoins, en mars 2015, Ubifrance a déjà un train de retard. Pour le Mozambique, les ennuis ont commencé. Le pays s'était plutôt bien remis de la grande dépression mondiale de 2008, provoquée par l'explosion de la bulle immobilière américaine. Mais la nouvelle crise qui le frappe sera beaucoup plus lourde de conséquences. Elle démarre fin 2014 par un décrochage sévère des prix des hydrocarbures, provoqué par la révolution des gaz de schiste. Contre toute attente, les États-Unis sont en train de redevenir exportateur mondial d'hydrocarbures ! C'est du jamais vu depuis les années 1940. Les autres pays traditionnellement exportateurs de gaz et de pétrole ne l'ont pas vraiment vu venir. Ils n'ont pas ajusté leur production en conséquence. Le marché est déséquilibré, il y a plus d'offre que de demande. Pour diverses raisons, notamment le ralentissement de la croissance chinoise, cette crise se propage aux autres matières premières. En juin 2014, l'indice de référence, le S&P GSCI, composé de 24 matières premières, entame une longue glissade qui va durer jusqu'en janvier 2016. Il perd près de 60 % de sa valeur. Le rebond qui suivra le reste de l'année sera timide.

Les conséquences pour le Mozambique sont sévères. En 2013, l'aluminium (26 %), le charbon (13 %) et le gaz (11 %) représentaient 50 % de ses recettes à l'exportation, soit deux milliards de dollars sur quatre au total. Sachant que le produit intérieur brut national est de 15 milliards seulement, c'est énorme.

Constatant que les prix du gaz sont au plus bas, et ignorant combien de temps la dépression va durer, les multinationales de l'énergie ralentissent leurs investissements. L'italien ENI et l'américain Anadarko, qui opèrent au Mozambique, suivent le mouvement général. Elles gèlent les programmes en cours. Moins d'investissement étranger signifie forcément moins d'impôts collectés par le Mozambique. La taxe sur le gain en capital, qui était passée de 100 millions de dollars en 2012 à près de 500 millions en 2014, retombe presque à zéro dès 2015.

Ce ralentissement du secteur de l'énergie porte aussi un coup dur au modèle économique de la société d'État ProIndicus, qui comptait vendre aux majors des prestations de sécurité offshore, grâce aux équipements fournis par Privinvest. La compagnie publique avait déjà obtenu du gouvernement le monopole de la sécurité privée dans le pays, et recruté un spécialiste français, ancien officier des forces spéciales, pour élaborer ses offres.

En résumé, le pays voit fondre ses exportations et ses recettes fiscales, alors que la somme de ses remboursements augmente. La sanction tombe le 30 octobre 2015. L'agence internationale de notation Fitch Ratings dégrade la note souveraine du Mozambique, de B+ à B. C'est la confirmation d'une érosion de la confiance des marchés dans la capacité du Mozambique à rembourser ses dettes. Détail très important, dans son analyse, Fitch a pris en compte à la fois les dettes d'État et les dettes garanties par l'État, dont font partie les emprunts d'Ematum, de ProIndicus et de MAM. Les investisseurs spécialisés et le Fonds monétaire international ont évidemment accès aux détails des analyses de Fitch. Contrairement à ce que le FMI prétendra par la suite, il n'y avait ainsi pas de dette cachée, et ce n'est donc pas la « découverte » d'un trou de deux milliards de dollars qui a poussé le Mozambique au défaut de paiement. Les institutions internationales, les banques privées et les investisseurs qui ont souscrit de la dette mozambicaine ont toujours été informés des projets conjoints du gouvernement et de Privinvest.

Durant le procès de Jean Boustani, la défense a fait citer comme témoin à ce sujet Chudozie Okongwu, du cabinet NERA Economic Consulting. Il a été très clair. Le FMI était au courant dès le début, rien ne lui a été caché. Quand la crise des matières premières est intervenue en 2015, le FMI et les agences de notation, explique le témoin, ont conclu que la conjoncture internationale « sapait la capacité du Mozambique à rembourser les emprunts ProIndicus, Mam et Ematum ». Le FMI connaissait donc l'existence de ces emprunts, contrairement à ce qu'il a ensuite voulu faire croire. « Christine Lagarde est venue en personne à Maputo pour un sommet du FMI en mai 2014. Elle a rencontré des officiels mozambicains, ils ont évidemment parlé des projets de développement économiques en cours », insiste Jean Boustani.

En 2016, un spécialiste français du Mozambique, Benjamin Augé, est arrivé à la même conclusion, dans une analyse réalisée pour le ministère français de la Défense : « Les immenses gisements gaziers mis au jour depuis 2010 au Mozambique et en Tanzanie ont été découverts alors que l'industrie pétrolière était en pleine effervescence en raison des cours du brut records sur la période 2003-2014. Cependant, depuis la mi-2014, le cours du baril est lourdement retombé (...). La raison principale de cette brutale et durable baisse des prix est la trop grande abondance de pétrole et gaz disponibles. Le marché est surapprovisionné, toutes les régions productrices historiques (Moyen-Orient, Canada, Venezuela, Afrique à l'exception de la Libye) ont en effet maintenu leur niveau de production alors que dans le même temps les États-Unis, du fait de leur production de gaz et pétrole de schiste, ont considérablement accru leur débit et minimisé d'autant leurs importations. Les barils autrefois importés par les États-Unis, notamment d'Afrique, ont donc dû trouver d'autres destinations et la demande chinoise, qui a absorbé la plupart des augmentations de production depuis le début de sa dépendance au marché en 1993, marque le pas depuis 2015. À titre d'exemple, jusqu'en 2010, le Nigeria exportait plus d'un million de barils par jour (b/j) vers les États-Unis, aujourd'hui en 2016, ce volume est tombé à quelque

7 000 b/j. Pour ce qui est du gaz, l'Afrique qui exportait encore des quantités significatives – en particulier le Nigeria – a arrêté d'approvisionner les États-Unis depuis 2014. La baisse des prix n'a cependant pas empêché la poursuite des explorations en Tanzanie et au Mozambique, mais il est désormais question de passer à la délicate phase du développement dans une période beaucoup moins favorable sur le plan de l'accès au crédit et de la recherche de clients[1]. »

Dès 2016, la croissance plonge à 4 %. Pour un pays développé, ce serait excellent. Mais pour une économie émergente habituée à caracoler en moyenne à 7 % depuis dix ans, c'est une dépression. Les recettes à l'export sont totalement déprimées, toutes les projections de développement et de retour sur investissement à réécrire.

Néanmoins, ProIndicus, MAM et Ematum font leur possible pour respecter leurs engagements, remboursant des sommes considérables en 2015 et 2016. Dans un contexte difficile, 49 millions de dollars ont été versés par Ematum en mars 2015, 76 millions en septembre, puis 100 millions de dollars en mars 2016 ; 76 millions de dollars ont été remboursés par ProIndicus au même moment, etc. Les investisseurs « floués » n'ont pas été si mal traités, avant même la renégociation des dettes, qui interviendra en 2016.

Sans la crise des matières premières, le Mozambique aurait-il pu faire face à son endettement ? La question

1. Note de 2016 réalisée par l'Ifri au profit de la Direction générale des relations internationales et de la stratégie du ministère de la Défense.

est un peu vaine, car il y a eu la crise ! On peut néanmoins dire que les projections économiques retenues par la Banque mondiale, les agences de notation et le FMI jusqu'en 2014 étaient encourageantes. Tout le monde s'accordait plus ou moins pour dire que les recettes à l'exportation du pays allaient plus que doubler en quatre ans, pour atteindre 9 milliards de dollars en 2018[1]. « Entre la construction des infrastructures à terre et en mer ainsi que la maintenance, il était question d'investir 120 milliards de dollars dans l'industrie gazière », rappelle Jean Boustani. « Un énorme marché s'ouvrait pour le secteur parapétrolier. Le Mozambique avait les moyens juridiques d'imposer un seuil minimum d'emploi de sociétés nationales. Une part de 10 % seulement représentait déjà 12 milliards pour les entreprises mozambicaines. » En tenant compte des bénéfices, rentrées fiscales et retombées indirectes, les 2 milliards levés par les trois sociétés publiques étaient remboursables rapidement.

### *Guerre civile et rivalités internes*

Le contexte international en a décidé autrement. Pour ne rien arranger, des facteurs de politique interne sont venus compliquer un peu plus la chose. En octobre 2014, les Mozambicains ont voté lors des législatives et de la présidentielle. Le Frelimo, parti au pouvoir depuis l'indépendance, a remporté les deux

1. Elles ont été en réalité de 4 milliards, le même montant qu'en 2014.

élections, mais la Renamo était en forte progression. Son leader historique, Afonso Dhlakama, a recueilli 37 % des voix (contre 16 % en 2009). Le parti a obtenu 89 sièges à l'assemblée, 38 de plus que lors de la précédente législature. Selon des observateurs indépendants, il y avait eu des irrégularités durant les scrutins, mais elles n'étaient pas de nature à changer les résultats. La Renamo l'a admis de mauvais gré, relançant une amorce de guerre civile dans le pays. Elle a manifesté son intention de prendre le pouvoir dans son bastion historique, les trois provinces du centre. (Au total, le Mozambique en compte onze.) Des combats sporadiques ont perturbé la vie du pays dans les régions concernées.

Par ailleurs, le nouveau président, Filipe Nyusi, a entrepris de mettre sur la touche son prédécesseur, Armando Guebuza. L'accord implicite entre les deux hommes voulait que Guebuza renonce à la présidence en faveur de Nyusi, jusque-là ministre de la Défense, pour reprendre la direction du parti. Puis, comme l'a résumé Jean Boustani lors de son témoignage devant la cour de Brooklyn : « Il y a eu brusquement une sorte de coup d'État, et le président Guebuza a été éjecté du parti. » À partir de ce moment, malheureusement, tout ce qui touchait à Guebuza est devenu compliqué, y compris les contrats avec Privinvest signés sous sa présidence. « L'administration a mené une campagne de sabotage sournoise contre les projets, ce que je trouve honteux, dans la mesure où il s'agissait de contrats pour un pays et non pour une personne, pour le Mozambique et non pour Guebuza. »

Les puissances étrangères ne s'y trompaient pas. Témoin au procès de Jean Boustani, l'allemand Peter Kuhn, salarié de Privinvest, raconte que dès cette époque, l'attaché militaire d'Allemagne en Afrique du Sud a manifesté de l'intérêt pour le système de surveillance que Privinvest était en train de déployer.

« Nous l'avons invité à visiter nos chantiers », raconte Peter Kuhn au procès. « Il est venu au centre de contrôle de Maputo. Il a été très impressionné par ce qu'il a vu. Il nous a informés qu'un attaché militaire américain souhaitait également voir nos stations radars. Celui-ci se nommait Kristopher Kvam. Il s'occupait d'un programme des Nations unies visant à déployer un système de régulation du trafic civil dans l'océan Indien, avec des installations au Mozambique, mais il se heurtait à de nombreuses difficultés et il avait envie d'en discuter avec nous. » Preuve flagrante, s'il en fallait, que les États-Unis savaient dès cette époque ce que faisait Privinvest pour le Mozambique ! Sur le devant de la scène internationale ou dans des communications à destination du grand public, le gouvernement du Mozambique communiquait autour d'un volet consensuel, mais secondaire, de ses projets en cours : Ematum et la pêche au thon. À destination des spécialistes de la finance et de la défense, le discours était différent : un outil sophistiqué de surveillance maritime était en cours de développement, pour 2 milliards de dollars, avec des perspectives de retour sur investissement très raisonnables. C'était dit sans ambiguïté. Jean Boustani et ses collègues de Privinvest, de leur côté, travaillaient dans la discrétion – question défense oblige – mais sans psychose, bien loin d'imaginer la suite des événements. « Il n'y avait eu aucun signe avant-coureur de la tempête qui s'est abattue sur nous », souligne-t-il. « Nous étions reconnus, nous avions exporté vers 45 pays, avec les Constructions mécaniques de Normandie, nos chantiers du Golfe, nos chantiers allemands. Nous avions travaillé pour Abu Dhabi, le Koweït, les Émirats, le Qatar… » Jamais la direction du groupe n'avait imaginé que sa première incursion en Afrique lui vaudrait d'être accusé de fraudes électroniques et financières et de blanchiment d'argent.

### *Russes, Chinois, Américains et islamistes*

Difficile d'avoir des certitudes à ce sujet, mais l'année 2015 est peut-être celle où les États-Unis ont commencé à se dire qu'il était temps de reprendre pied au Mozambique, afin de contrer les visées de leurs rivaux chinois et russes. Entre 2000 et 2014, selon une étude du centre de recherche américain AidData, la Chine a investi plus de deux milliards de dollars au Mozambique, en travaux d'infrastructure et en prêts (sans intérêt) à l'agriculture. Cela s'inscrit dans une politique africaine plus large, car la Chine investit dans de très nombreux pays. Mais le Mozambique a un rôle à part : le pays est très riche en ressources naturelles et il est le débouché maritime de plusieurs nations enclavées, le Zimbabwe, le Malawi et la Zambie et même l'Afrique du Sud. Maputo est le port de Johannesbourg, puisqu'il se trouve à 545 km seulement.

La Russie a moins d'argent que la Chine, mais elle a une armée solide et des liens d'amitié anciens avec le Mozambique et le Frelimo, ex-mouvement communiste. À la suite de l'effondrement du bloc soviétique, elle s'est retirée d'Afrique, mais l'année 2015 marque son retour. Le 22 décembre, un accord de coopération militaire d'une durée de cinq ans a été signé par le ministre des Affaires étrangères Sergueï Lavrov avec son homologue mozambicain José Pacheco. Cet événement n'est certainement pas passé inaperçu au Pentagone.

Pendant que les grandes puissances s'épiaient et avançaient leurs pions à Maputo, les groupes islamistes se renforçaient discrètement dans le nord du pays. Ils ont pris les armes en 2016, s'affiliant au mouvement international Ansar al-Sunna. Ils étaient cependant déjà présents dans la province du Cabo Delgado dès 2015. Le Mozambique est majoritairement chrétien (55 %), avec quelque 20 % d'animistes et 20 % de musulmans. L'islam local est modéré. L'extrémisme est, en quelque sorte, une importation. Des soldats et des idéologues venus de Tanzanie, de Somalie et du Kenya auraient structuré ce mouvement islamiste au nord, très loin de la capitale. Durant les années 2015 et 2016, les incidents opposant les islamistes à la population ou aux forces de l'ordre vont se multiplier au Cabo Delgado.

En résumé, l'année 2015 marque le point de bascule. Tous les ingrédients de la réussite du Mozambique sont là, mais également les facteurs de risque. Les projets de Privinvest sont bien partis, mais des vents contraires se lèvent. La conjoncture internationale devient très difficile et les rapports de force internes à la classe politique mozambicaine ont changé. Bientôt, Jean Boustani sera mis sous surveillance par le FBI. Les ennuis sont là.

# Chapitre 6

## « Le mensonge du siècle »

Au moment de mon arrestation et de celle de Manuel Chang, début 2019, les ONG et la presse évoquent de façon unanime le scandale de la « dette cachée ». Les experts, les journalistes, tout le monde est persuadé que le Mozambique a souscrit des emprunts pour acheter des armes en cachette, sous couvert de développer une flottille de pêche au thon, et que des centaines de millions d'euros se sont évaporés en pots-de-vin. Mon procès n'y a rien changé, certains me croient encore coupable. Le 8 décembre 2019, après mon acquittement, donc, le *Financial Times*, quotidien de référence des milieux économiques, titrait : « *Mastermind escape net in Mozambique tuna bond scandal* » ! (Le cerveau du scandale du *tuna bond* du Mozambique passe entre les mailles.)

Les ragots ont commencé à circuler dès le début du projet, avant la livraison du premier bateau. Fin septembre 2013, alors que le président Guebuza visitait notre chantier à Cherbourg et que nous annoncions officiellement le contrat, le *Wall Street Journal* a repris une dépêche d'Associated Press pleine de sous-entendus : « *France-Mozambique ship deal raises questions* » (Le contrat naval France-Mozambique soulève des questions). L'article évoquait « de possibles ventes d'armes », un « mystérieux contrat de construction navale » et des « doutes dans les deux pays ». Il attaquait sournoisement Iskandar Safa, « cible d'investigation pour de précédents contrats en France » et innocenté, pas parce qu'il était innocent, mais « faute de preuves » ! *Associated Press* citait Henrique Banze, ministre délégué aux Affaires étrangères du Mozambique : il parlait d'achat d'armes probables par son pays, peut-être à la France. La représentante de Transparency International au Mozambique, Fatima Mimbire, affirmait qu'il y avait des zones d'ombre, qu'on ne savait pas exactement à qui le pays empruntait, ni combien : 200 millions, 500 millions ? En somme, c'était bourré d'insinuations. Je pense que le gouvernement des États-Unis était déjà à la manœuvre à cette époque. Le matériel qu'on vendait au Mozambique lui donnait une capacité navale qui ne plaisait pas au Pentagone.

Néanmoins, pendant les deux années suivantes, nous avons été épargnés. Les projets avançaient : les navires étaient livrés et le système de surveillance sortait de terre. Je travaillais sur le terrain, au Mozambique. Fin 2014, Filipe Nyusi a donc succédé à Armando Guebuza à tête de l'État. Les mois suivants, le monde a connu une grave crise des matières premières. Les prix du pétrole, du charbon, des minerais, etc. se sont effondrés. C'était un coup très dur pour les pays émergents, comme le Mozambique. Tous les plans de développement des entreprises pétrolières et gazières ont été gelés, la machine s'est arrêtée. C'était le marasme total. Le metical, la monnaie nationale, a dévissé. Il fallait 30 meticals pour acheter un dollar en octobre 2014, et près de 80 en octobre 2016. Comme la dette du pays était en grande partie libellée en dollars, la situation est devenue critique.

Le président Nyusi a cherché un moyen d'alléger ce fardeau. Il en a parlé avec Privinvest, le Crédit suisse ainsi que la banque russe VTB. Adriano Maleiane, ministre des Finances du Mozambique, nommé Premier ministre du Mozambique en 2022, a rencontré Palomar, notre filiale de financement. Il cherchait une solution pour restructurer les dettes de ProIndicus et d'Ematum. Tout cela se faisait dans la transparence. Il y avait des discussions, des coups de fil, des mails et des mémos à propos de ces dettes, dont on allait dire par la suite qu'elles avaient été cachées. C'est juste après la restructuration de la dette que le mensonge commence. Le ministre des finances, Adriano Maleiane, signe donc un accord de réechelonnement, un « eurobond prospectus », en langage technique, qui porte sur toute la dette du Mozambique, y compris celle de MAM et de ProIndicus. Les banques VTB et Crédit Suisse sont informées, évidemment. Par la suite, en mars 2022, Adriano Maleane est devenu premier ministre du Mozambique, ce qui n'a pas empêché le gouvernement de continuer à prétendre que de la dette était cachée ! Mais laquelle ?

Palomar et le Crédit suisse ont été officiellement mandatés par le ministère de l'Économie pour mener à bien cette restructuration. J'ai moi-même appuyé auprès des officiels mozambicains pour que Palomar soit choisie. C'était notre filiale.

Ensuite, l'affaire prend un virage inattendu, au printemps 2016. En mars, un document « confidentiel » du ministère des Finances fuite. Il indique que la dette nationale est plus importante que prévu. Ainsi, elle n'est pas de 8,1 milliards de dollars, mais de 11,1 milliards. À peu près au même moment, le *Wall Street Journal* « révèle » l'existence d'un emprunt « caché » de 611 millions, souscrit par ProIndicus et garanti par l'État. Caché ? Mais à qui ? J'ai des dizaines de mails qui prouvent que tous les responsables étaient au courant ! Dans les jours qui ont suivi, le Financial Times, à son tour, a révélé l'existence d'un autre prêt « caché » de 500 millions de dollars.

À mon avis, il s'est passé quelque chose de très simple. Dans un mail de 2016 adressé au cabinet juridique international Clearly-Gottlieb, avec en copie la directrice du Trésor, le ministre des Finances du Mozambique demande à ses avocats comment il pourrait échapper au paiement de la dette. Un avocat lui répond que le mieux serait de prouver qu'il y a eu de la corruption, ce qui exonérerait le pays débiteur de ses obligations.

Le gouvernement a prétendu qu'il ignorait l'existence de prêts qu'il avait garantis dans l'espoir de ne pas les payer. C'était énorme, mais la combine a fonctionné, avec l'aide du Fonds monétaire international. En avril 2016, le Premier ministre mozambicain a rencontré le FMI. La réunion a débouché sur un communiqué commun, où Maputo « avouait » ne pas avoir signalé au Fonds l'existence de plus d'un milliard de dollars de prêts. À cette même réunion, le FMI était représenté par Christine Lagarde en personne. Ex-ministre de l'Économie de Nicolas Sarkozy, de 2007 à 2011, directrice générale du FMI de 2011 à 2019, devenue ensuite présidente de la Banque centrale européenne.

Christine Lagarde a désigné Privinvest comme le comploteur en chef, responsable de cette dette cachée. Le 18 mai 2016, interrogée par la BBC sur la corruption, elle lâche « Ils ont caché des informations », en parlant de Privinvest et du Mozambique. C'est très grave. Le FMI qui n'était au courant de rien au Mozambique, c'est le mensonge du siècle. J'aurais bien aimé qu'elle développe un peu : qu'avons-nous dissimulé, exactement ? Les prêts, les patrouilleurs, les radars ? Cela n'a aucun sens. À mon procès, nous avons produit un mail de 2015 du FMI, prouvant que son représentant sur place connaissait l'existence de ProIndicus. Le Fonds monétaire international a un bureau à Maputo, à l'endroit même où nous avons organisé une parade fin 2014 pour montrer les navires achetés avec l'argent des prêts prétendument cachés, sur la Marginale (le front de mer). Quand le président Guebuza est venu à Cherbourg en 2013, la télévision nationale du Mozambique était là. Qu'avons-nous caché, exactement ? N'importe quoi. Et à la limite, si quelque chose avait été caché au FMI, en quoi Privinvest en serait-il responsable ? Ce serait une affaire entre le Fonds et le gouvernement du Mozambique.

Dans les mois et les années qui ont suivi, le FMI a continué à dénoncer Privinvest, en dépit des évidences, en s'alignant sur la position qui allait être celle du DoJ et du FBI : il y a eu de la corruption et c'est Privinvest qui l'a organisée. Sa sortie sur la BBC avait un seul but, nous enfoncer. Ce jour-là, la directrice du FMI n'était pas interrogée sur l'Afrique en particulier. Elle passait dans une émission très célèbre au Royaume-Uni, *Woman's Hour*. Une sorte de talk-show où l'invité parle de tout et n'importe quoi. Elle n'avait aucune raison de balancer sur Privinvest. Surtout pour raconter n'importe quoi ! Ce qui rend définitivement sa sortie inexcusable, selon moi, c'est qu'au moment où elle s'exprime, un cabinet international, Kroll, vient à peine de commencer un audit, à la demande du FMI, pour éclaircir la situation. À quoi bon payer des auditeurs – 13 millions de dollars, tout de même – si c'est pour anticiper sur leurs conclusions ?

L'audit a été transmis au FMI et au procureur général de la République du Mozambique le 23 juin 2017, plus d'un an après la sortie de Christine Lagarde. Curieusement, il a été payé par l'ambassade de Suède à Maputo. Chez Privinvest, on s'est demandé si ce n'était pas un de nos concurrents qui l'avait financé en sous-main, mais nous n'avons aucune certitude à ce sujet. Le choix de

Kroll n'a rien de particulièrement étonnant, c'est un grand cabinet américain réputé. Leur feuille de route était simple : enfoncer Privinvest autant que possible en donnant corps à la théorie du complot. Ce n'est écrit nulle part explicitement, mais l'audit devait établir que nous avions vendu du matériel minable à prix d'or grâce à des pots-de-vin. Hélas… Les auditeurs ont vu tous les acteurs du dossier, des services de renseignements aux banques en passant par nous. Et dans le rapport final de Kroll ils sont bien obligés de lister le matériel livré ! 36 intercepteurs DV15 à 7,2 millions de dollars l'unité, 3 intercepteurs HSI32 à 32,7 millions de dollars, 3 intercepteurs WP18 à 19,4 millions pièce, 6 aéronefs de patrouilles maritimes à 7,9 millions, 16 radars à 7,4 millions, etc. Au total 612 millions de matériels de surveillance sur lesquels ils n'ont rien trouvé à redire, pour ProIndicus. Plus 836 millions de dollars de matériel dans le cadre du contrat Ematum, qui se divisaient en 520 millions pour les navires de pêche, et près de 220 millions pour trois patrouilleurs Ocean Eagle très sophistiqués à 73 millions de dollars chacun. Des navires, des drones, des stations radars, le centre de coordination de Maputo… Tout était là. Les navires étaient « *Fit to receive combat system* » (prêts à recevoir les systèmes de combat), mais ils n'étaient pas armés. Le Mozambique avait emprunté pour acheter des armes, sans doute, mais pas à nous ! Nous n'avions pas vendu un pistolet à Maputo, conformément à nos engagements. Nous n'avions rien à cacher. Je l'ai expliqué en détail aux auditeurs de Kroll lorsque je les ai rencontrés.

Ces auditeurs n'ont rien trouvé contre nous – et ce n'est pas faute d'avoir cherché – mais il fallait quand même honorer la commande, autrement dit nuire à Privinvest. Je connais les ficelles du métier. Écrire que nous avions livré de la camelote, versé des pots-de-vin et caché l'existence des prêts était impossible. Rien n'allait dans ce sens. L'équipe de Kroll a donc rédigé son rapport en donnant beaucoup de détails sur l'échec économique des projets Ematum et ProIndicus, tout en se gardant de souligner que Privinvest avait scrupuleusement rempli sa part de contrat, livrant du matériel très performant. Ils ont parlé du manque de formation des personnels, des défaillances du management, des installations portuaires inadaptées, des *business plan* irréalistes concernant les ressources de la pêche au thon, de l'absence de contrat avec des opérateurs de satellites pour faire fonctionner les radars, et de toutes les autres raisons pour lesquelles les projets n'avaient pas rencontré le succès espéré. Le rapport n'est pas définitivement mensonger, mais il est terriblement trompeur. Les auditeurs évoquent des centaines de millions de dollars dont on ne trouve pas trace. En réalité, il suffisait de creuser un peu pour voir qu'il s'agissait de prêts ayant financé du matériel acheté en Allemagne et à Abu Dhabi. Les problèmes soulevés pour rendre compte de l'échec d'Ematum étaient sans doute réels, mais en quoi étions-nous concernés ? Nous avions rempli notre part du contrat. Le minimum était de le dire, ce que le rapport se garde soigneusement de faire.

Il fallait nous couler ! De ce point de vue, faire un audit était une erreur, car rien n'a pu nous être reproché. Qu'importe, la machination organisée contre nous était déjà allée trop loin, il n'était plus possible de faire marche arrière. Quatre mois après l'audit, en novembre 2017, le DoJ et le FBI ont annoncé l'ouverture d'une enquête visant le Crédit suisse, VTB et la BNP Paribas, pour corruption dans l'attribution des prêts au Mozambique.

Les autorités américaines ont prétendu qu'elles réagissaient à des informations publiées par les médias, alors qu'elles étaient elles-mêmes la source qui avait informé la presse. Depuis des mois, les journalistes du *Wall Street Journal*, de *Bloomberg* et du *Financial Times* étaient alimentés en informations orientées, toujours dans le même sens : « Privinvest », « pots-de-vin », « dette cachée »... Dans la foulée de l'ouverture de l'enquête, des fonds américains qui avaient investi dans la dette souveraine du Mozambique ont porté plainte pour tromperie, ce qui a encore relancé la machine.

Ils ne croyaient évidemment pas à la fable de la dette « cachée ». Ils avaient investi dans ces emprunts et participé à leur rééchelonnement. On parle de professionnels de la dette des pays émergents : ils connaissaient mieux que quiconque la situation financière du pays. Ils ont porté plainte pour se couvrir légalement, peut-être avec l'espoir de récupérer encore un peu de bénéfices. Ils avaient déjà empoché des commissions importantes et fait gagner beaucoup d'argent à leurs clients sur le dos du Mozambique. David Hinman, un financier témoin à mon procès, l'a expliqué à la barre : si les emprunts mozambicains rapportent plus que les emprunts danois, c'est parce qu'ils sont plus risqués (voir chapitre 10). C'est le principe de l'investissement : plus de risque et plus de rendement. Sur le marché de la dette souveraine, le taux d'intérêt reflète la probabilité d'un défaut de paiement. Le Danemark emprunte à 1 % sur les marchés financiers alors que le Mozambique paye 6 % d'intérêt. En 2013, les perspectives étaient donc alléchantes du côté de ce pays, grâce aux gisements de gaz. Il y avait un coup à jouer. Le pays a fait défaut parce que la crise des matières premières a plombé sa monnaie, et non parce qu'on a découvert, un beau matin, des prêts « cachés ».

N'oublions pas qu'il y avait, parmi les souscripteurs de ces prêts, des banques mozambicaines ! Qui, mieux qu'elles, connaissait la réglementation et l'état d'endettement du pays ? Elles ont acheté les emprunts proposés par le Crédit suisse en connaissance de cause. Elles avaient examiné les *business plan* des sociétés emprunteuses, elles étaient convaincues. Concernant la pêche, on était même en dessous des recommandations de certains experts. Ceux-ci estimaient que le Mozambique avait besoin d'une flotte de plusieurs centaines de ligneurs, et pas de quelques dizaines.

Il y aurait beaucoup à dire au sujet des organisations non gouvernementales locales qui ont massivement répercuté la thèse de la dette cachée. Tout le monde idéalise les ONG, parce qu'elles luttent contre la pauvreté, la corruption, et pour l'environnement. Elles sont consensuelles, leurs représentants parlent facilement, les médias les adorent. Il faut tout de même se poser des questions : qui les finance, et pour quelle contrepartie ? Il y a un certain Borges Nhamire, animateur local d'une ONG américaine, le Center for public Integrity de Maputo. Lorsque j'ai été jugé à Brooklyn, il est venu du Mozambique et a suivi toutes les audiences. Il est donc resté six semaines à New York. Je me demande qui a payé, mais je sais une chose : il a tout fait pour m'enfoncer, comme activiste, mais aussi comme journaliste (il est le correspondant pour *Bloomberg* à Maputo).

Ce que je trouve incroyable, avec le recul, c'est le nombre de personnalités qui ont relayé les accusations portées contre nous sans vérifier leur solidité, donnant l'impression que la messe était déjà dite. Que ma condamnation n'était, au fond, qu'une formalité. Je voudrais en citer une, très influente, Ngozi Okonjo-Iweala. Elle était ministre de l'Économie du Nigeria de 2011 à 2015, puis est devenue directrice générale de l'Organisation mondiale du commerce en mars 2021.

Elle est souvent présentée comme la première Africaine à occuper le poste. On oublie de dire qu'elle a aussi la nationalité américaine ! Dans un livre paru en 2018, « Fighting Corruption is dangerous » (non traduit en français), elle explique qu'elle s'est opposée en 2014 à un projet de sécurisation des eaux nigérianes proposé par Privinvest. La société avait pourtant convaincu la marine nigériane, mais la ministre trouvait cela beaucoup trop risqué financièrement. Elle raconte que par la suite, elle s'est félicitée de sa prudence, en découvrant les problèmes du Mozambique, « causés par un contrat passé avec nul autre que Privinvest ».

Ce n'est pas ainsi que les choses se sont passées. Le projet avançait et nous avons tous les documents pour prouver que M^me^ Okonjo-Iweala ne s'y est pas opposée. Les négociations ont tourné court parce qu'il y a eu des élections et une alternance politique au Nigeria en 2015, tout simplement. Soit dit en passant, il était question d'investir deux milliards de dollars, ce qui représente à peu près ce que le Nigeria perd tous les mois à cause du « bunkering », c'est-à-dire le vol organisé de pétrole offshore ! Nous lui avons écrit pour demander un rectificatif, sans succès. Le dossier était chez nos avocats mi-2021.

Je ne prétends pas que tout est un coup monté venu des États-Unis, instrumentalisant des ONG, des médias et des relais d'opinion. Je dirais plutôt que Washington a saisi une opportunité. En 2016, le pays était dans une passe difficile sur le plan économique. Armando Guebuza avait cédé la place à un homme de moindre envergure, Filipe Nyusi. Au mois de juillet, ce dernier a été convoqué à Washington. Il était en position de faiblesse et cherchait de l'aide. Il a rencontré John Kerry, secrétaire d'État aux Affaires étrangères, Christine Lagarde, ainsi que des représentants d'Exxon. Il s'est fait recadrer. Pas question de laisser le Mozambique prendre son destin en main. En réalité, un double assassinat a été programmé : assassinat juridique de Privinvest et assassinat politique d'Armando Guebuza.

J'en ai parlé avec celui-ci. Fin 2016, je suis devenu « reputation risk ». Personne ne voulait être aperçu à mes côtés, à Maputo. Filipe Nyusi a cessé de me recevoir. En revanche, je suis resté en contact avec Armando Guebuza. Les soi-disant magouilles que le FMI faisait semblant de découvrir dataient de son mandat. L'ancien président n'est pas un enfant de chœur. C'était son grand dessein pour son pays qui était menacé. Il a compris tout de suite que c'était la guerre. Il a décidé de garder le silence. Il m'a dit : « Je ne t'ai pas demandé un sou, tu ne m'as pas donné un sou. Assieds-toi sur le fauteuil et regarde le show. Il y a eu un coup politique contre moi, on est en phase de défense. Mais comprends bien que le pays devient trop dangereux pour toi. » Tout cela devenait vraiment malsain. En décembre 2016, Valentina, la fille de Guebuza, a été tuée dans des circonstances troubles. Son mari l'a abattue à coups de revolver, mais selon certaines rumeurs, il aurait agi sur ordre. Le frère de Valentina, Armando Jr, a eu plus de chance : il a été simplement arrêté et mis en détention surveillée à Maputo…

Valentina était à la fois une femme d'affaires et une membre influente du bureau du Frelimo. C'était l'héritière politique de son père, qui n'a jamais été un homme des Américains. Il vient du Frelimo, qui s'est battu pendant les années de guerre civile avec le soutien de l'URSS contre la Renamo (Resistência Nacional Moçambicana), soutenue par les Américains, rappelons-le.

Filipe Nuysi n'a pas la même envergure. Il a dû obtenir la garantie d'échapper aux poursuites, lors de son déplacement à Washington en juillet 2016. Il était ministre de la Défense au moment de la signature des contrats, sa position était délicate. Isaltina Lucas, directrice nationale du Trésor, a certainement obtenu également des garanties d'impunité. Elle n'a jamais été accusée, alors qu'elle est au courant de tout, depuis le début. Le Frelimo n'est pas un bloc sans faille. On y trouve des personnalités plutôt bien disposées envers les États-Unis, comme cette Isaltina Lucas, et d'autres assez méfiantes, comme Manuel Chang, l'ancien ministre des Finances, qui a été ciblé par l'enquête. Comme par hasard.

En résumé, le FMI, le DoJ et le FBI créent des flux d'informations à destination de la presse américaine – *Wall Street Journal*, *Bloomberg*, *Associated Press* – qui initie cette histoire de dette cachée. C'est bidon, mais lorsque les journalistes cherchent à vérifier à Maputo, ils trouvent des officiels pour leur confirmer l'existence de cette pseudo dette cachée. Ils trouvent aussi des ONG pour s'indigner, dénoncer… De leur côté, les personnalités mozambicaines qui pourraient démentir se taisent. Tout ça dans un climat d'intimidation. Le rapport Kroll devait être le dernier clou dans le cercueil, mais pas de chance ! Il n'était pas aussi accablant que prévu. Peu importe : fin 2017, le FBI et le DoJ ouvrent leur enquête. Je suis sans doute mis sur écoute à ce moment-là. Les enquêteurs ont certainement cherché à coincer Iskandar Safa, mais sans succès. Les mois ont passé, le DoJ a vu arriver le moment où il ne pourrait plus me poursuivre, pour des raisons de prescription. Les Américains ont alors pris le risque de me faire enlever à Saint-Domingue. Voilà l'histoire.

Je suis très en colère contre le FMI et ses représentants qui, comme Christine Lagarde – et autres chouchous des médias – donnent des leçons à longueur d'année sans connaître de l'Afrique autre chose que les hôtels 5 étoiles. Ils ne font rien de concret pour développer les pays africains. Il me semble même que le FMI se fait un devoir de les enfoncer quand ils sont affaiblis, au profit des États-Unis. Le Fonds n'est pas un outil de développement, c'est un des bras économiques des USA. Le FMI, c'est l'armée américaine, avec le dollar à la place des porte-avions. Ils veulent transformer les pays d'Afrique en esclaves économiques. Ils poussent aux dévaluations, pour que tout puisse être acheté à bon compte par des multinationales. C'est la nouvelle colonisation économique. Le Mozambique n'est pas le seul exemple africain qui le prouve. Un Africain, vu de Washington, reste un individu tout en bas de l'échelle humaine. Je ne suis pas communiste, mais je pense qu'un leader comme Thomas Sankara (1949-1987, président du Burkina-Faso de 1983 à 1987), assez énergique pour sortir son pays de la stagnation, ne plaira jamais aux Américains. Ils pensent savoir mieux qu'une nation elle-même ce qui est bon pour elle. Par ailleurs, comme ils ont des intérêts stratégiques partout, ils s'arrogent le droit de juger les décisions souveraines des États, et surréagissent à des menaces hypothétiques à 10 000 km de leur territoire. Ils ont trouvé intolérable que Maputo essaye d'organiser la surveillance de son territoire terrestre et maritime, sans leur permission. Washington ne veut pas que le Mozambique ait une marine capable de contrôler ses zones gazières offshore. Imaginons que le pays choisisse des prestataires chinois. Ou pire, que dans dix ans, un Guebuza jeune vienne frapper à la porte des plates-formes, exigeant une révision des accords de partage des bénéfices du gaz ! Il pourrait demander 50 % au lieu de 20 %… Contrairement à ce que racontent les rumeurs, Privinvest n'a pas été visé pour avoir vendu du matériel défectueux au Mozambique, mais pour avoir au contraire vendu de l'excellent matériel. En quantité suffisante pour changer le rapport de force sur une route maritime stratégique. Les Américains n'ont pas voulu nous tuer pour dégager le chemin à un concurrent made in USA. Il n'y en a pas. Ils sont plutôt européens : DCNS, Fincantieri, Leonardo, Saab, Thalès… Dans le Golfe, nous sommes même complémentaires des fournisseurs US : les émirats nous achètent des plateformes et les dotent d'équipements électroniques et de systèmes de combat américains.

Le système sanguin de la planète, c'est le transport maritime et ce sang, c'est le pétrole. La majeure partie de la richesse mondiale se trouve sur la mer à un moment où à un autre. Raison pour laquelle les Américains veulent la plus grande marine du monde. Leurs stratèges évaluent tous les scénarios possibles, sans sous-estimer les menaces maritimes venant d'un petit pays.

Une guerre asymétrique peut se produire sur la mer. Un porte-avions US a la capacité de raser un pays, mais nos WP18, une fois armés, attaquant en formation, ont la capacité de couler un porte-avions. Les États-Unis brideraient le développement d'un pays pauvre plutôt que de le laisser devenir une menace potentielle, à un horizon lointain, sans la moindre hésitation. Ils lui barreront la route. Si un pays africain aujourd'hui décide de monter en puissance comme voulait le faire le Mozambique, il doit s'attendre à être sanctionné par les États-Unis. C'est de l'impérialisme, couplé à une formidable hypocrisie. Les États-Unis diraient ouvertement : « Nous comptons 330 millions d'habitants, nous avons bâti le système économique le plus dynamique au monde ; nous voulons imposer nos valeurs partout et diriger la planète et sommes prêts, pour y arriver, à écraser ceux qui se dresseront contre nous », je comprendrais. George W. Bush Junior a eu la franchise de dire « vous êtes avec nous, ou contre nous[1] ». C'était l'exception. Une fois de plus, la règle

1. « You are either with us, or against us », adresse au congrès du 20 septembre 2001. Hillary Clinton avait eu exactement les mêmes mots une semaine plus tôt.

américaine est l'hypocrisie. Ils s'indignent du coup d'État du général Abdel Fattah al-Sissi en Égypte, alors qu'ils équipent eux-mêmes l'armée égyptienne. Tout comme ils ont armé et financé les talibans et Oussama Ben Laden, pour lutter contre les Russes. Un proverbe libanais parle de la « putain qui prêche la Bible ». Il y a des putains, il y a des religieuses, c'est ainsi, mais il faut avoir un discours en accord avec ses actes. Tous les États sont des loups cherchant à défendre leurs intérêts stratégiques – je vends d'ailleurs du matériel qui les aide à le faire. Les Américains ne font pas exception. Qu'ils l'assument, sans prétendre donner des leçons de démocratie et de morale à la terre entière. Je trouve la diplomatie européenne plus humaine. Si l'Europe était un adulte, les États-Unis seraient plutôt un adolescent costaud, arrogant, impoli, et qui tape sur tout le monde dans sa classe. À dix-sept ans, il mesure deux mètres, fume, est agressif, désinhibé…

Jusqu'à l'effondrement de l'URSS, les États-Unis revendiquaient des valeurs. Ils étaient le porte-drapeau de la liberté, des droits de l'homme et du libéralisme contre la dictature soviétique. De cette mission, il ne reste rien.

J'ai suivi les déboires du français Naval Group, quand l'Australie a rompu brutalement un contrat de fourniture de sous-marins à l'automne 2021. Les officiels australiens se sont justifiés avec des arguments hypocrites : matériel inadapté, nouveaux besoins… Ils ont en fait cédé aux pressions américaines, comme les Mozambicains ont cédé aux pressions du FMI, mettant en cause la qualité des sous-marins français. De la même manière, le cabinet Kroll a tenté de décrédibiliser le matériel que nous avions livré au Mozambique. Je ne serais pas surpris que le DoJ lance un jour des accusations de corruption contre Naval Group dans le cadre du contrat australien ! C'est la même histoire.

Apparemment, les États-Unis ont été généreux avec le Mozambique. Le 12 décembre 2019, ils ont validé un plan d'aide de plusieurs centaines de millions de dollars pour le pays. Le Mozambique n'a pas besoin d'aide, mais d'investissements. Pour attirer les capitaux, il doit construire un cadre sûr. Pas de stabilité, pas de développement. On l'a vu en 2021. Total a gelé tous ses projets à cause de l'insécurité au Cabo Delgado. Il y a eu des attaques à moins d'un kilomètre de leurs installations, plus de 200 000 personnes ont pris la fuite. La situation devenait intenable. Ce pays, qui avait tout pour être le « Qatar de l'Afrique » risque de devenir une seconde Syrie, au moins dans sa partie nord.

Les États-Unis ne voulaient pas plonger le pays dans le chaos, mais pas non plus d'un Mozambique fort. Si on y réfléchit deux minutes, cela revient à vouloir le chaos. Le président Armando Guebuza m'a dit un jour : « Mon fils, quand tu deviens riche, en Afrique, tu as de soucis ; quand il y a de la bonne viande dans ton frigo, les léopards sautent par la fenêtre et viennent chez toi. » On venait d'apprendre que le Mozambique dormait sur des réserves de gaz considérables, sans parler des mines de rubis. Il savait que ces excellentes nouvelles ouvraient une période dangereuse. Il avait une vision pour son pays. C'était en 2012, il allait avoir soixante-dix ans et ne cherchait ni le pouvoir ni la fortune. Il avait déjà eu les deux ! C'est un des hommes d'affaires les plus riches du continent. Il voulait finir en beauté en laissant derrière lui un pays stable. On pensait arriver en production pour le gaz en 2018, Armando Guebuza serait entré dans l'histoire comme un grand homme ayant construit un magnifique projet de développement pour son pays. Nous étions un vecteur clé pour la réalisation de ce rêve.

En France, mon arrestation avait été assez largement médiatisée. Mon acquittement, nettement moins. Quiconque se penche sur le dossier en faisant des recherches sur le web ressort convaincu qu'il y a bien eu de la « dette cachée » au Mozambique. C'est pour que ce mensonge ne l'emporte pas que j'ai décidé de parler et de tout mettre sur la table. J'ai une lettre du 14 janvier 2013, signé par l'actuel président du Mozambique, Filipe Nyusi, où il valide les emprunts. J'ai des photos des officiels mozambicains visitant le chantier, des dizaines de courriers et de mails où les prêts sont évoqués en toute clarté. « Le FMI a été trompé » ? J'ai des échanges entre Antonio Carlos do Rosario, chef du renseignement économique du Mozambique, et le représentant du FMI à Maputo, où ces mêmes prêts sont évoqués. La vérité va émerger, ce n'est qu'une question de temps.

Au Mozambique, des opposants politiques ont mis le président Nyusi face à ses contradictions. En tant que chef de l'État, il parle de « dette cachée et de faits de corruption », affirme qu'il n'était pas au courant, alors même qu'il a été associé à tous les projets – et en toute transparence – lorsqu'il était ministre de la Défense. Cela fait débat au Mozambique, y compris au Parlement, mais les informations ne sortent pas du pays, elles ne sont pas reprises. J'ai pourtant le numéro de portable de Filipe Nyusi : je l'ai appelé dix fois, je lui ai envoyé des SMS, il ne m'a jamais répondu. J'ai même envoyé une lettre à la présidence le 18 janvier 2021, aucune réponse. Tôt ou tard, il lui faudra donner des explications. Quant à l'accusation de corruption contre Privinvest, qu'en reste-t-il ? Le dossier du DoJ s'est effondré, un jury m'a acquitté et en mars 2021, la cour suprême du Mozambique a abandonné les accusations de corruption portées contre nous.

On trouvera toujours quelqu'un pour dire que Privinvest a acheté le procureur du Mozambique, évidemment. Admettons, on tire les ficelles. Mais alors, pourquoi Jean Boustani ne revient-il pas au Mozambique sur un tapis rouge ? Pourquoi le fils d'Armando Guebuza est-il encore en prison ? J'adore le débat, mais il faut qu'il serve à quelque chose. Je refuse d'être traité comme une bête de cirque. « C'est l'Afrique, un pays pauvre, un Libanais a fait du fric, il est coupable », forcément. Je me suis fait insulter par des journalistes que je n'ai jamais rencontrés, des Jeanne d'Arc des médias, partis en croisade contre un grand méchant groupe capitaliste. Je rappelle qu'au Mozambique, nous étions au service d'un gouvernement issu de la guérilla communiste… Privinvest cherche le profit, et alors ? Ce n'est pas un crime. Nous ne sommes pas venus piller le Mozambique, ni aucun autre pays. Si on l'avait fait, d'ailleurs, on aurait sans doute eu moins d'ennuis ! Les Américains ont décidé de nous faire la peau précisément parce que nous sommes venus aider le pays à construire sa souveraineté. Et cela dans le but d'éviter les morts et le chaos qui arrivent aujourd'hui.

# Chapitre 7

## Intermède
## La guerre économique américaine

Le 24 septembre 2014, l'administration Obama a publié un « Agenda mondial anticorruption » qui semble, à première vue, assez consensuel. Les États-Unis y réaffirment leur volonté de lutter contre un phénomène qui « siphonne l'argent des budgets publics, sape les lois et la confiance des citoyens dans leurs gouvernements, encourage les atteintes aux droits humains et le crime organisé, renforce les régimes autoritaires et peut menacer la stabilité de régions tout entières ».

Le texte rappelle le rôle de « leader mondial » des États-Unis dans la lutte pour la probité des affaires, depuis le vote en 1977 du Foreign Corrupt Practises Act. Une source d'inspiration pour les conventions anticorruption des Nations unies (2002) et de l'Organisation pour la coopération économique et le développement (1996).

Examiné d'un peu plus près, néanmoins, cet agenda laisse songeur. Première bizarrerie, il ne prend pas la peine d'expliciter le terme de « corruption », comme si cela allait de soi. Ce n'est pas le cas. La définition de la corruption change selon les lieux et les époques. Au Mozambique, le financement des partis politiques par les personnes morales est autorisé. En France, il est interdit, mais seulement depuis 1995. Idem aux États-Unis, mais avec beaucoup d'exceptions : depuis 2010, les personnes morales, y compris les entreprises, ont le droit de financer des « comités d'action politique » qui peuvent eux-mêmes financer des spots de publicité web ou TV pour le candidat de leur choix. Dans la plupart des pays européens, une telle pratique serait illégale. En France ou en Scandinavie, la simple prise de position d'une entreprise ou d'un grand patron en faveur d'un candidat susciterait de forts soupçons de corruption.

Paradoxalement, si l'agenda américain est flou sur la notion de corruption, il est en revanche très clair sur la finalité de la lutte anticorruption. Elle vise à prévenir « une menace croissante contre la sécurité nationale », que la menace soit diplomatique, militaire ou économique, voire sanitaire. Le gouvernement US « travaille en collaboration étroite avec les milieux d'affaires » pour faire appliquer le FCPA partout dans le monde, afin de défendre l'Amérique sur le plan politique et économique. Au risque, manifestement assumé, de mélanger la morale et les affaires, d'instrumentaliser les poursuites pénales à des fins mercantiles et de transformer le noble combat pour la probité et l'éthique en basses manœuvres de déstabilisation.

Au fond de cette manière de concevoir les relations internationales, il y a probablement la conviction que rien ne vaut l'Amérique et que personne ne peut surpasser le *Made in America*, sauf en trichant. Vous êtes numéro un mondial et vous n'êtes pas américain ? Vous vous imposez à l'international face à eux ? C'est forcément suspect. En 1996, le Trade Promotion Coordination Comittee (TPCC) américain a évalué à 11 milliards de dollars les pertes subies par les exportateurs américains en deux années seulement, à cause de la corruption. Si des étrangers s'étaient imposés face à des Américains, cela ne pouvait être qu'en versant des pots-de-vin, puisque par hypothèse, leurs offres ne sauraient être meilleures. Cette même année, Washington avait lancé un vaste plan anticorruption à l'international, soutenu par l'ONG Transparency International[1].

Les résultats se sont fait attendre, mais ils ont été tangibles. À partir des années 2000, les poursuites lancées par le DoJ contre des entreprises étrangères sont devenues beaucoup plus fréquentes : l'européen Airbus, l'allemand Siemens, le japonais Panasonic, le suisse Novartis, le britannique BAE, le français Total, l'énergéticien suisse Vitol, l'Italien ENI… Tous ces groupes ont été mis sous pression.

Entre le début des années 1990 et 2015, les États-Unis ont adopté unilatéralement 61 lois ou textes

1. Pour plus de précision, voir le très bon rapport du centre français de recherche sur le renseignement, *Racket américain et démission d'État, le dessous des cartes du rachat d'Alstom par General Electric*, 2014.

restreignant le commerce avec 35 pays. Et pas seulement pour les Américains : ces restrictions s'imposent aux entreprises du monde entier. Les entreprises qui s'avisent de passer outre, comme la BNP, prennent de gros risques.

Le sort réservé à l'entreprise française Alstom est également un cas d'école. De 2009 à 2014, le fabricant de trains et de chaudières nucléaires a été harcelé par la justice américaine pour des faits de corruption dans plusieurs pays, dont l'Égypte et l'Indonésie. Les poursuites se sont terminées par un accord signé avec le DoJ le 22 décembre 2014. Trois jours plus tôt, l'assemblée générale d'Alstom avait entériné la vente de la division énergie d'Alstom à l'américain General Electric ! Le PDG d'Alstom, Patrick Kron, a évoqué une coïncidence, dans le *Figaro*, le 14 décembre 2014 : « Je veux tordre le cou à cette rumeur qui établit un lien entre cette enquête et notre projet stratégique avec GE. Cela n'a aucun rapport. Aucun ! » Il n'a convaincu ni l'ancien ministre de l'Économie Arnaud Montebourg, ni Frédéric Pierrucci, ancien cadre d'Alstom emprisonné aux États-Unis pendant plus de deux ans et abandonné par son employeur. Les deux sont persuadés que Patrick Kron a *dealé* l'abandon des poursuites et son immunité personnelle.

Le président des États-Unis, à l'époque de la saga Alstom, était Barack Obama. Avec le recul, le prix Nobel de la paix qui lui a été remis en 2009 apparaîtra sans doute un jour comme une grave erreur. En 2014, le journal norvégien *Dagens Naeringsliv*, citant le diplomate norvégien Wegger Strømmen, a révélé que le chef de cabinet de Barack Obama lui-même, Rahm Emanuel, avait sermonné l'ambassadeur de Norvège à Washinghton en 2009, considérant que cette distinction était imméritée. Cela étant, Barack Obama n'a pas inventé cette politique agressive. Elle lui était antérieure et lui a survécu. En 2005, déjà, le groupe français Alcatel, inquiété par la justice américaine pour des faits de corruption présumée au Costa Rica, avait engagé un dialogue difficile avec le DoJ. Les échanges se sont terminés en 2007 par une amende d'un faible montant (137 millions de dollars), mais aussi par la fusion d'Alcatel avec son concurrent américain Lucent. Fusion qui s'est révélée être une absorption pure et simple.

Comme le succès donne des ailes, il semble que les États-Unis soient allés de plus en plus loin dans l'instrumentalisation de cette lutte contre la corruption, en particulier au Brésil. Le 9 avril 2021, le quotidien *Le Monde* a publié une enquête fort instructive dont le principal protagoniste est le juge Sergio Moro. Présenté comme une sorte d'Elliott Ness brésilien, celui-ci est le tombeur du président Luiz Inácio Lula da Silva. En partant d'un petit dossier de corruption, le juge était remonté jusqu'au sommet de l'État, dans des scandales impliquant le groupe pétrolier Petrobras et le conglomérat Odebrecht. Il avait mis en examen des wagons entiers de personnalités (1 450 mandats d'arrêt, 533 mises en accusation, 174 personnes condamnées), jusqu'à ordonner l'arrestation de l'ex-président

Lula, en 2016. Celui-ci a été condamné à douze ans de prison pour corruption, en 2018. Trois ans plus tard, le mégascandale a tourné à la farce. Lula a été libéré en 2021, sur décision de la Cour suprême brésilienne, pour vice de forme. Sergio Moro, lui, est devenu ministre la Justice du président Jair Bolsonaro en 2019, mais il est resté en poste à peine plus d'un an. Il a ensuite été recruté par un cabinet juridique américain spécialisé dans le conseil aux entreprises, Alvarez & Marsal. Comme le raconte *Le Monde* en détail, les autorités américaines l'ont soutenu, conseillé et encouragé (instrumentalisé ?) dans toutes ses actions visant le pouvoir brésilien.

Bien entendu, les États-Unis, de leur côté, jouent sans complexe de leur suprématie dans les communications électroniques pour espionner leurs concurrents partout dans le monde. Officiellement, la National Security Agency ne travaille pas pour des entreprises privées. Officieusement, personne n'est dupe. Au nom de la Global War on Terrorism, lancée en riposte aux attentats de 2001, les services US espionnent les entreprises étrangères. Ils entendent bien empêcher les Chinois de faire la même chose, d'où la guerre ouverte déclarée à Huawei, ce géant des télécoms placé sous embargo US en mai 2020. L'objectif est de ne pas les laisser installer un peu partout dans le monde des infrastructures de réseaux qui leur permettraient d'écouter la terre entière, à leur tour.

Les États-Unis veulent contenir la montée en puissance chinoise, mais le risque actuel, de leur côté, est d'en faire trop en matière d'ingérence et d'abus de pouvoir. Le 15 octobre 2020, l'ancien secrétaire à la Défense nationale du Mexique (2012 – 2018), Cienfuegos Zepeda, a été arrêté à l'aéroport de Los Angeles, alors qu'il venait passer quelques jours en famille en Californie, et mis en état d'arrestation par les agents de la Drug Enforcement Administration (DEA), pour ses liens présumés avec les trafiquants du cartel H-2. La DEA enquêtait sur lui depuis plus de dix ans et avait accumulé des preuves solides contre le général. C'est ce qu'ont expliqué les Américains pour justifier cette interpellation d'une certaine gravité, que le Mexique interprétait comme une atteinte à sa souveraineté. Les Mexicains n'ont pas cédé. Comme le raconte le *Washington Post* du 18 novembre 2021, ils ont fait savoir aux États-Unis que si l'ancien secrétaire à la Défense n'était pas libéré et envoyé au Mexique, il ne faudrait plus compter sur aucune collaboration avant des années dans la lutte contre le trafic de drogue et l'immigration illégale. La menace a porté. Le général Zepeda est revenu dans son pays après un mois de prison. Le 14 janvier 2021, il a été relaxé de toute poursuite par un tribunal mexicain. Le chef de l'État, Andrés Manuel López Obrador, a dénoncé une mise en scène américaine, évoquant des motivations politiques. Les Mexicains ne se sont pas contentés de paroles. Depuis décembre 2020, une loi oblige tous les fonctionnaires mexicains à rédiger un rapport après chaque communication avec un membre d'une autorité étrangère, à commencer par les agents de la DEA.

Le but, à peine dissimulé, est de bloquer l'intrusion de ces derniers dans les affaires intérieures mexicaines. S'ils savent que leurs propos seront consignés, ils hésiteront à échanger librement avec leurs homologues mexicains, comme ils le faisaient jusqu'à présent. Une réaction énergique, qui est peut-être un précédent à méditer.

# Chapitre 8

## En prison

J'ai été emprisonné pendant onze mois au Metropolitan Detention Center (MDC) de Brooklyn, dans le quartier de South Slope, à quelques kilomètres au sud de l'île de Manhattan. Vu de l'extérieur, c'est un ensemble de bâtiments sur plusieurs étages assez ordinaires, beige et ocre. Le MDC pourrait tout aussi bien être un centre d'archives ou un entrepôt. À l'intérieur, chaque étage comprend plusieurs unités carcérales, abritant 200 détenus environ. J'étais au quatrième niveau, dans l'unité 402. Prévu initialement pour 1 000 personnes, ce pénitencier héberge souvent plus de 2 000 détenus, hommes et femmes. Ils ne sont jamais regroupés[1]. Les promenades se font étage par étage, dans une cour intérieure. Enfin, façon de parler. C'est en réalité un cube, avec un toit, dont un seul côté comporte une ouverture horizontale. On entend

1. Selon la presse américaine, ils étaient 1 600 en février 2019, au moment d'une panne de chauffage en pleine vague de froid.

les bruits de l'extérieur, mais l'ouverture n'est pas assez haute pour apercevoir le soleil. Nos cellules n'avaient pas de fenêtre donnant sur l'extérieur. Je ne l'ai donc pas vu une seule fois pendant toute la durée de ma détention. C'est évidemment très difficile à supporter, peut-être davantage encore pour un Libanais habitué à vivre au soleil. Je suis persuadé que cette privation de lumière est délibérée. Dans ces centres, tout est fait pour déprimer les détenus. Tout est gris ou marron, morne, terne. Les cellules elles-mêmes sont des cubes de ciment nu, avec des toilettes que rien n'isole du reste de la pièce. Comme elles contiennent chacune deux personnes au moins, vous faites vos besoins devant vos co-détenus, en ravalant votre pudeur et votre fierté. C'est un modèle standard. J'ai vu dans le *New York Times* une photo de la cellule du baron de la drogue El Chapo, passé par le Metropolitan Correctional Center de Manhattan : c'était la même que la mienne.

J'ignore dans quelle mesure mon séjour est représentatif des conditions américaines de détention, car je n'ai connu qu'un seul type de prison. Il en existe de plusieurs sortes, aux États-Unis. Il y a le « camp », pour les crimes mineurs. En tant que présumé « délinquant financier », j'aurais pu y atterrir, s'il n'était pas réservé aux citoyens américains. Viennent ensuite les « security facilities », ou centres de sécurité, avec cinq niveaux de sûreté : bas, moyen, haut, très haut, maximum. Il existe néanmoins des passerelles entre eux. Le Bureau fédéral des prisons (BoP) a instauré un système de points, qui permet aux détenus d'espérer un transfert pour bonne conduite, et donc une amélioration de leur sort. Une sorte de carotte pour les inciter à se tenir tranquilles.

Le Metropolitan Detention Center est encore à part. C'est un centre de transit pour prisonniers en attente de jugement. En fait, je me suis retrouvé dans une sorte de gare de triage pénitentiaire, où passait la lie de la société américaine. Même le personnel faisait peine à voir. Pour accepter de travailler pour le BoP, dans un pays sans chômage, il faut être soi-même une sorte de demi-voyou. Les gardiens ne brutalisaient pas les détenus, c'est vrai, mais ils nous aboyaient dessus sans cesse. Surtout les gardiennes, d'ailleurs. J'avais un numéro de matricule, et quand elles faisaient l'appel, au moment où elles lançaient « Boustani ! », je devais répondre en criant ce numéro. Malheureusement, je faisais un blocage, je n'arrivais pas du tout à mémoriser ces fichus chiffres. Conséquence, je me faisais tout le temps insulter. Là encore, je ne crois pas que ce genre de comportement soit accidentel. La prison vous affecte, elle vous dégrade. Le système inculque au détenu l'habitude d'être traité comme un chien, jusqu'à trouver cela normal. Les humiliations font partie du processus, et elles sont quotidiennes. Chaque fois que je sortais pour voir mon avocat ou aller au tribunal, je devais passer par le « stripping », la fouille au corps à l'aller comme au retour. Vous vous retrouvez nu, de face, puis de dos, et vous devez faire un squat (flexion/extension des jambes légèrement écartées), en toussant, pour vérifier que vous n'avez rien dissimulé en mode suppositoire. À l'aller, comme au retour ! C'est techniquement superflu, mais peu importe. Le *stripping* est juste un simple élément de tout un système qui vous réduit à l'état de bête. Quand vous êtes détenu, pour faire quoi que ce soit, on vous fait patienter pendant que des portes s'ouvrent : celle de la cellule, du corridor, de l'ascenseur, puis les portes de la zone de *stripping*, entrée et sortie. Ça, c'est seulement pour aller voir l'avocat. Quand il faut aller voir le juge, il y a six portes supplémentaires. Et dans ce dernier cas, vous avez les pieds et les mains ligotés, même dans la voiture de l'US marshal qui vous y conduit ! Je comparaissais libre à l'audience, mais on m'enlevait les chaînes juste avant d'entrer dans la salle, et on me les repassait dès que j'en ressortais. Il y avait un seul transport par jour de la prison au tribunal. Parfois, j'arrivais très tôt et j'attendais des heures, menotté, dans une salle, en présence d'autres accusés.

Ces trajets offraient tout de même une petite distraction. Dans le fourgon qui m'emmenait, je voyais Manhattan et la statue de la Liberté, à ma gauche. J'entrapercevais les passants, les gamins dans la rue, qui avaient parfois l'âge de mon fils. Je pensais à lui. J'ai aussi vu un petit bout d'Halloween 2019, de mon fourgon…

Toutes les deux ou trois semaines, j'avais droit à quelques dizaines de dollars de shopping : bananes, cacahuètes, chocolat… Le luxe ! Je le dis sérieusement :

on attendait tous ce moment comme des enfants attendent le père Noël. En guise de cadeau, on se faisait totalement arnaquer, car les prix étaient démentiels. La prison est gérée par une entreprise privée. Elle a vocation à faire des bénéfices, lesquels sont, pour faire simple, la différence entre le forfait versé par l'administration et les coûts réels de fonctionnement. Inutile de préciser que le gestionnaire économisait sur la nourriture, laquelle était absolument infecte. J'ai vu des prisonniers se battre quand il y avait des « menus spéciaux », les jours de fête, pour un hot-dog ou une cuisse de poulet.

C'est un milieu qui vous dégrade. Vous vous demandez où vous êtes, ce que vous faites là. Enfin, moi je le savais très bien. Si vous mettez une personne en détention provisoire dans de telles conditions, c'est pour le casser. Le DoJ m'avait placé ici pour me faire craquer. Pour moi, comme pour eux, c'était une évidence. Les États-Unis sont un pays culturellement violent. Le DoJ tire sa propre violence de cette culture nationale.

Je n'ai pas vécu dans la peur, mais j'ai dû m'imposer. J'étais avec des gangsters, des tueurs, des gens désocialisés, certains ayant passé des années, parfois la moitié de leur vie, dans le système pénitentiaire. Il a fallu comprendre les codes. Le racisme profond de la société américaine était omniprésent dans le centre de détention. Les clivages nationaux étaient reproduits à sa petite échelle. Les Noirs étaient toujours ensemble, pareil pour les « rednecks » et les Latinos. Chacun avait sa délinquance. Les Blancs, c'était le trafic de méthamphétamines (MET) ; les Latinos, l'héroïne, la cocaïne et les enlèvements contre demande de rançon ; les Noirs, les violences avec armes. Il y avait aussi un contingent de « Russes », qui étaient en réalité des immigrés de différents pays de l'Est, Roumanie et Bulgarie comprises. Les gangs qui sévissent aux États-Unis se reconstituent en prison. Il y avait la MS13 (ou Mara Salvatrucha), les Bloods, les Crips... Chacun avait ses zones d'influence dans les unités. C'était un monde à part, avec ses règles, ses régulations et même sa délinquance interne à la prison. Cela allait du vol de banane à la cantine au racket sur des détenus en vue d'extorquer de l'argent à leurs proches.

Moi j'étais hors clan. Blanc, étranger, je ne pouvais pas cacher que j'avais de l'argent : je voyais souvent mon avocat, contrairement à la plupart des détenus. Ils étaient défendus par des commis d'office, dont ils se méfiaient à juste titre, car ce sont souvent des taupes du FBI.

Quand je le jugeais nécessaire, je frappais le premier. Aux États-Unis, en cas de bagarre, un prisonnier perd des points, et il risque de le payer au moment de sa condamnation. Il sera envoyé dans un centre de sécurité plus dur. Mon but était de sortir du tribunal après la préventive. En cas de dérapage, les autres avaient plus à perdre que moi. Je n'étais pas agressif. Disons plutôt proactif. Mes codétenus ont rapidement compris que ça pouvait se terminer très mal pour tout le monde et j'ai eu la paix. Enfin, façon de parler. En réalité, en prison, vous n'avez jamais la paix. Le silence n'existe pas. Les détenus tapent sur les portes toute la nuit, ils se battent entre eux. Vous êtes entouré de fous furieux.

C'était très dur, je ne vais pas prétendre le contraire, mais peut-être moins pour moi que pour un autre. J'ai grandi à Tripoli. Mes parents nous ont offert une très bonne éducation, à mon frère, ma sœur et moi, mais sans nous couper de la réalité du Liban, qui est un pays rude. Cela ne rend pas la détention agréable, mais elle paraît peut-être moins effrayante.

Un scénario à la Frédéric Pierrucci – ce cadre d'Alstom incarcéré en 2014 aux États-Unis à la suite d'accusations de corruption pour mettre son groupe sous pression, et abandonné par son employeur alors qu'il était en détention – ne m'a jamais traversé l'esprit. J'étais certain qu'Iskandar Safa ne me lâcherait pas, et c'était réciproque. Je ne pensais qu'à ma défense et à ma famille. Le rationnel pour la défense, l'affect pour mes proches : mon fils, mes parents, Iskandar. Je ne ressentais de colère contre personne. Mon fils n'a pas été mis au courant, mais c'était normal, il avait seulement cinq ans.

Au quotidien, pendant ces onze mois, j'avais deux occupations, la lecture et la musculation. À raison de cent pompes par heure, je faisais mille pompes par jour. Pour la lecture, mes avocats me faisaient parvenir des livres et des journaux. La presse arrivait avec du retard, mais je pouvais me tenir au courant de l'actualité. Et puis je travaillais beaucoup mon dossier, en vue du procès.

Préparer ma défense, ça, c'était vraiment l'enfer ! Pour contrer l'accusation, dans la perspective de mon procès, je n'ai eu aucun ordinateur, aucun accès internet. Mon avocat pouvait me visiter tous les jours, huit heures par jour s'il le voulait, mais sans pièce dédiée pour travailler, et sans ordinateur, lui non plus ! Il apportait donc des milliers de pages imprimées sur lesquelles nous devions nous concentrer au parloir, au milieu des hurlements des autres détenus, entourés de policiers. Des dizaines de personnes tentaient de se faire entendre de leurs interlocuteurs en criant à travers la vitre en plexiglas séparant les deux mondes. Les disputes étaient permanentes, les bagarres n'étaient pas rares, et il fallait rester concentrés, le nez dans les papiers.

Je gardais le moral au fil des séances de travail, parce qu'avec Michael, l'un de mes avocats, on voyait des éléments très solides laissant penser que le DoJ allait se ramasser. Michael était franchement optimiste pour deux chefs d'accusation en particulier : fraude boursière et fraude électronique (*securities fraud* et *wire fraud*). Mais il craignait une condamnation pour le dernier chef d'accusation, à savoir le blanchiment d'argent (*money laundering*). Globalement, il me donnait moins de 50 % de chance en première instance et m'encourageait à me préparer déjà pour l'appel. « Jean, *truth will set you free* » (la vérité te rendra libre), c'était son leitmotiv. Il était sincèrement convaincu de mon innocence. Moi aussi, mais il fallait éviter de penser à ce qui m'attendait si je ne parvenais pas à convaincre les jurés : des dizaines d'années de prison aux États-Unis.

Globalement, les faiblesses de l'accusation étaient si évidentes que, dans un autre pays, on aurait sans doute hésité à m'incarcérer. Le problème du système américain est que l'accusé ne peut pas échanger de manière contradictoire avec les enquêteurs. Le procureur n'est pas un magistrat impartial instruisant à charge et à décharge, comme le juge d'instruction en France. Soit vous devenez le « *star witness* », et vous n'allez pas en prison. Soit vous refusez de collaborer, et alors vous filez en taule, que vous plaidiez coupable ou non. À ce stade seulement, vous prenez connaissance des détails de l'acte d'accusation, dans le cadre de la procédure de « *discovery* ». Si vous n'avez pas une escadrille d'avocats aguerris pour lire avec vous les milliers de pages qui vous enfoncent et trouver les failles, il est déjà trop tard, vous êtes mort. C'est une chose de dire que le DoJ instruit à charge et que l'accusé prépare sa défense. Comment peut-il le faire correctement dans des conditions aussi dégradées ? Comment trouver les jurisprudences à votre avantage sans accès internet ? Privinvest avait les moyens de payer un très bon cabinet d'avocats. Sans eux, je ne me serais jamais sorti de ce piège, où le juge Kuntz m'a laissé moisir délibérément. Dans la plupart des cas, les détenus restent quelques semaines seulement au MDC. Outre-Atlantique, le système judiciaire prévoit un procès rapide (« *fast trial* ») et une durée de détention provisoire courte, soixante-dix jours. J'en ai fait plus de trois cent trente ! Mon procès avait été reporté, soi-disant parce que le juge avait besoin de temps pour analyser le contexte international. Résultat, au moment de ma libération, j'étais un des détenus les plus anciens de mon étage !

Cela a fini par jouer en ma faveur. Quand le procès a commencé, je suis devenu une sorte de héros, le combattant de l'unité 4 ! J'étais surnommé « Big Dog », le gros chien. Je partais au tribunal sous les acclamations. Les autres détenus me criaient « *Make us proud !* », « *Fuck the Feds !* ». J'étais celui qui tenait tête au DoJ. Ils ont eu une double joie lorsque j'ai été libéré : ils se sont partagé les quelques affaires que j'avais laissées derrière moi, et ils ont savouré ma victoire, un peu comme si c'était la leur. Un prisonnier avait battu le système, ce qu'ils rêvent tous de faire. En pratique, ils sont pourtant rares à affronter le DoJ. La plupart signent un accord, qui est en réalité une capitulation. Ils sont coincés. Ils le savent et préfèrent collaborer pour réduire leur peine. Tout le monde en a conscience. Le concept de « *rat* », la balance, revient en permanence dans les conversations de prisonniers. Deux cents personnes dans 1 000 $m^2$, ça fermente… D'ailleurs, dans les premiers, temps, lorsque je leur disais que j'allais au procès, ils ne me croyaient pas. Puis, progressivement, mes rapports avec eux ont changé. Ils ont vu que je commençais à me débrouiller, à force de potasser le droit américain. Je suis devenu la référence, le sage ! J'ai aidé certains prisonniers à rédiger des courriers, des « motions ». Quand une jurisprudence tombait, je leur en parlais, si je pensais que ça pouvait les aider.

La plupart du temps, c'était en vain. Ils étaient trop démunis intellectuellement. Beaucoup d'entre eux ont eu une enfance atroce, sans que personne ne les prenne en charge. Les États-Unis ne mettent pas de moyens dans la prévention. C'est culturel. J'ai écrit au directeur de la prison lui disant que je voulais faire du coaching pour les prisonniers, de l'aide psychologique. Il m'a dit « très bonne idée », mais il n'a jamais donné suite. Je pense qu'il s'en fichait, dans le fond. Dans leur mentalité, il y a le bien et le mal. Tu passes du côté du mal, tu payes, point. Les États-Unis dépensent 80 milliards de dollars par an pour leurs prisons. C'est plus que le budget cumulé des maternelles, du primaire, des collèges et du secondaire, comme l'a calculé le département américain de l'Éducation[1]. Cet argent serait beaucoup plus utile s'il servait à la prévention et au social dans les quartiers. Les détenus avec qui j'en parlais en étaient venus à penser que « les Blancs », qui tiennent selon eux « l'État profond », maintiennent délibérément les Latinos et les Noirs dans un cercle vicieux de délinquance et de répression pour les empêcher de se développer.

La prison m'a changé. J'ai touché de près la misère psychologique. J'en suis venu à penser que la misère économique en est la conséquence, et non pas la cause, comme on le croit souvent. C'est l'environnement où ils ont grandi qui a fait de ces délinquants ce qu'ils

1. Voir « Increases in Spending on Corrections Far Outpace Education », National Institute of Corrections, 2016.

sont. Ce sont des victimes. J'ai ri avec eux, mangé avec eux, pleuré avec eux. Ils ont une âme. Certains sont presque des gamins, encore attachés à leur mère, surtout les Noirs. Ils sont en larmes quand ils en parlent, puis ils enchaînent sur la drogue et les armes…

Ils sont fabriqués par le système américain, qui ne met pas les moyens nécessaires dans la réinsertion. Les États-Unis génèrent des criminels comme on génère des clients pour un marché. C'est une sorte de capitalisme judiciaire. Pousser les citoyens aux abois, jusqu'à ce que la délinquance soit la seule issue. Le plus dingue est que certains prisonniers me disaient que leurs conditions de vie étaient meilleures qu'à l'extérieur : « Au moins c'est chauffé en hiver ! ». Enfin, presque ! Fin janvier 2019, en pleine vague de froid, le chauffage de la prison est tombé en panne pendant une semaine, alors que la température extérieure était bien en dessous de zéro. Les détenus ont protesté, certains ont refusé d'obéir aux gardiens. En représailles, la prison a bloqué les toilettes de leurs cellules pendant plusieurs jours. Bienvenue en Amérique.

# Chapitre 9

## Premiers jours au tribunal

J'étais poursuivi par le gouvernement américain, qui en l'occurrence était représenté par des personnes de chair et d'os, dont le caractère a influé sur le déroulement de l'enquête et des audiences. La justice n'est jamais totalement désincarnée. Ses acteurs ont des préjugés, ils pensent à faire carrière, ils commettent des erreurs… Dans mon cas, il y avait d'abord les agents du Federal Bureau of Investigation, Angela Tassone et Fatima Haque. La première était une belle trentenaire, blonde aux yeux bleus, habillée strict. Un pur produit du FBI, et qui, à mon avis, le restera. Je ne l'imagine pas aller dans le privé. Elle prenait mon affaire à cœur, dans la mesure où elle pensait que c'était un dossier d'envergure, bénéfique pour son plan de carrière. J'ai passé pas mal d'heures avec elle. En plus, elle avait lu des centaines de mes mails, y compris des correspondances privées, elle me connaissait donc bien. Les criminels ne parlent pas, mais je n'étais pas un criminel. Nous avions donc discuté longuement. Je ne vais pas dire que nous nous appréciions, mais il n'y avait pas d'hostilité entre nous. Sa collègue Fatima avait une petite trentaine. Elle devait être d'origine indienne ou pakistanaise. Rusée, intelligente, et dévorée d'ambition. Contrairement à Tassone, je ne serais pas surpris qu'elle parte un jour du FBI pour un poste plus rémunérateur ou plus prestigieux, dans le privé.

Tassone et Haque m'avaient traqué pour le FBI, avant de me livrer au DoJ. Celui-ci devait être représenté par un vice-procureur nommé Matthew Amatruda, mais, en cours d'instruction, il a quitté l'administration pour le secteur privé. Le dossier a été repris par un autre vice-procureur, Mark E. Bini, qui jouait donc le rôle de coordinateur durant le procès. Leur supérieur, le procureur Richard P. Donoghue, a suivi le dossier, mais de haut. Il a assisté à certaines audiences, en laissant ses subalternes piloter l'action.

Bini, durant cette audience, devait atteindre le sommet de sa carrière. C'était l'affaire de sa vie, et elle survenait sur le tard. Il avait déjà la cinquantaine. Cheveux blonds coupés court, grand, mince. J'ai vu en lui le type même du fonctionnaire dévoué. Mais ce ne sont que des impressions car je ne le connais pas. Nous ne nous sommes jamais parlé en tête à tête !

Bini était assisté par deux autres fonctionnaires du DoJ, Margaret Moeser et Helen Nielsen, de beaux spécimens d'Américaines de téléfilm. La première se croyait au cinéma, d'ailleurs. Elle en faisait des tonnes. La seconde était plus morne. Pour elles aussi, c'était un pic de carrière, un grand moment ! Ou du moins l'espéraient-elles. La déception a probablement été à la hauteur des attentes.

Quant aux jurés, c'est toute une histoire. Comme notre affaire était du ressort du tribunal de Brooklyn, c'étaient des gens de ce faubourg de New York moins huppé que l'île de Manhattan. Être juré, aux États-Unis comme partout, c'est la plaie. Le procès allait durer des semaines. Il y a une indemnité, mais la plupart des citoyens tirés au sort ne voulaient pas ou ne pouvaient pas siéger. Il fallait en choisir seize, douze titulaires et quatre suppléants, qui ne votent pas mais suivent les audiences. Leur sélection était très importante. Elle a duré toute la journée du 15 octobre. Mes avocats étaient sur les dents, bourrés d'adrénaline. Moi, j'étais habillé en civil pour la première fois depuis dix mois ! Je portais des vêtements trop petits, achetés sans essayage par mes défenseurs. J'avais le droit de choisir sept jurés et l'accusation en choisissait cinq. Je pouvais récuser certains de ses choix, et réciproquement. C'était une étape tellement cruciale que mes défenseurs avaient fait appel à une société spécialisée dans le « *mock jury* », ou jury factice.

Ce sont des prestataires qui font des simulations, à partir d'un cas réel, afin de déterminer quel profil de jurés, en fonction de l'âge, de la race, du sexe, du niveau de diplôme, etc., sera le plus favorable à l'accusé. Dans mon cas, par exemple, il valait mieux éviter les femmes blanches de plus de cinquante ans, qui me donnaient coupable. Les jeunes filles en général, ce n'était pas très bon non plus. J'avais plus de chance avec les femmes d'un certain âge, noires et latinos. Des gens issus des minorités auraient davantage d'affinités avec un Libanais que des Américains wasp. Et surtout, nous avions besoin d'intellectuels, parce que le dossier était complexe. Nous avons eu la chance de tomber sur une grosse tête, un certain David Howard, docteur en je ne sais quoi, travaillant dans une ONG. Il a été désigné porte-parole du jury, ce qui reflétait probablement sa position de personnalité pivot parmi les douze. Je pense qu'il a été déterminant. Il me regardait, je le regardais… Je le sentais bien.

Le juge, enfin, était William Francis Kuntz… Expérimenté, paraît-il. Il avait soixante-dix ans. C'était un Noir, passé par des cabinets d'avocat américains, plutôt spécialisé en litige commercial et droit du travail. Je l'ai trouvé d'une partialité sidérante, en faveur de l'accusation.

Le procès a débuté par quelque chose qu'on ne montre jamais dans les films, sous peine d'endormir les spectateurs : la lecture de l'acte d'accusation. Des dizaines de pages rappelant les faits dans les grandes lignes et les textes qui vont être appliqués. Il y avait tout dedans, y compris la pseudo-recette pour décider si un Libanais a violé les lois mozambicaines. Une folie, à mon avis, mais il ne fallait surtout pas que je le montre. Michael m'avait mis en garde : « Jean, tu es impulsif par nature, et en plus, en ce moment tu vis des moments difficiles, je le sais. Attention, garde ton calme. » Il fallait faire bonne impression.

Pour ne pas influencer le jury, je comparaissais en civil, sans menottes. On me les remettait pendant les pauses, mais j'avais les mains libres à l'audience. Cela ne signifiait pas pour autant que j'avais intérêt à faire des grands gestes, ou même à grimacer. Le langage du corps est le seul qui me permettait d'envoyer des messages aux vingt-quatre paires d'yeux braqués sur moi. Avant d'apparaître devant la cour, j'étais enfermé dans une cage, juste derrière la porte. Quand cette porte s'ouvrait, j'entrais en scène, littéralement, pour jouer ma vie.

Mettons-nous un instant dans la position du DoJ. Comment résumer l'histoire qu'il va raconter au jury à mon sujet ? L'acte d'accusation parle de fraude aux valeurs boursières, de blanchiment et d'escroquerie par voie électronique, mais tout cela est très abstrait. Trop même pour les simples citoyens qui forment le jury. Le DoJ doit faire son « story-telling ». Il s'agit de me faire passer pour un super-méchant de film, l'organisateur d'une mégaconspiration ayant spolié l'État du Mozambique et, surtout, des investisseurs américains, puisque des fonds avaient porté plainte. « Le cerveau d'une fraude à deux milliards de dollars », dixit Margaret Moeser, du DoJ. Dans le film délirant qu'ils ont imaginé, j'arrive à Maputo au début des années 2010, mes sacs de billets en bandoulière. Je magouille et je soudoie des intermédiaires pour me rapprocher du président en exercice, Armando Guebuza. Ces intermédiaires sont un certain Teófilo Nhangumele, ainsi que le propre fils du président, Armando Ndambi Guebuza Junior. Je verse à ce dernier 50 millions de dollars, je lui offre en plus des voyages, des voitures, des séjours tous frais payés en France, à Abu Dhabi, etc. Il me présente à son père et j'arrive à me mettre dans les bonnes grâces du président en l'achetant, lui aussi : je promets de financer la campagne présidentielle de son parti en 2014. Tout ceci se fait avec l'accord de mon patron, Iskandar Safa.

Mais ce n'est encore rien ! Ensuite, je persuade le Mozambique d'emprunter 2 milliards de dollars pour acheter du matériel à mon groupe, Privinvest. Les banques prêteuses sont le Crédit suisse et la banque russe VTB. Comme il serait difficile de les convaincre loyalement de prêter autant d'argent au Mozambique, j'achète les décideurs ! Il s'agit de trois personnes au Crédit suisse : Andrew Pearse et deux de ses collaborateurs, Surjan Singh et Detelina Subeva. À ma demande, Privinvest verse 45 millions de dollars de commission à Andrew Pearse et 2 millions à Singh et Subeva.

Une fois les prêts obtenus frauduleusement, la magouille continue : ces trois personnes créent avec Privinvest une structure financière nommée Palomar. Celle-ci, sur ma proposition, va revendre les prêts à des investisseurs, dont certains sont américains. La dette des 2 milliards de dollars levés par le Mozambique grâce à des moyens inavouables est cachée au Fonds monétaire international, qui veille à la bonne santé financière du pays. Ce dernier est trompé quant à l'importance réelle de l'endettement du Mozambique. Le FMI n'y voit que du feu car les emprunts sont souscrits par trois compagnies publiques : Ematum, ProIndicus et MAM. Le problème, c'est qu'ils sont garantis par l'État, là encore à cause des manigances de Privinvest.

La tromperie se poursuit ensuite sur le plan industriel, de deux manières. Tout d'abord, le Mozambique fait croire au monde entier qu'il achète à Privinvest seulement des navires de pêche au thon, alors qu'il a commandé aussi des bâtiments militaires et des radars. Mais tel est pris qui croyait prendre, le Mozambique est à son tour arnaqué par Privinvest : le prix du matériel commandé est monstrueusement surévalué. Logique ! Des centaines de millions de dollars se sont évaporés en commissions occultes. Il faut bien que Privinvest se rattrape.

Les investisseurs ayant acheté la dette du Mozambique vont être floués, là encore à cause de moi. Ils croyaient avoir investi dans des pêcheries de thon, le fameux « *tuna bond* ». En réalité, les revenus de la pêche ne vont pas permettre de rembourser les emprunts. Soudoyé par mes soins, Andrew Pearse a fait de fausses déclarations rassurantes dans les « *due diligence* », c'est-à-dire ses vérifications, ses évaluations des risques.

Bref, j'ai acheté, trompé, menti. Mon accusateur en chef est Andrew Pearse, le « repenti » du Crédit suisse. C'est le « *cooperating witness* » de l'accusation, le « témoin coopérant ». On pourrait le comparer à un apporteur d'affaires. Il amène des coupables et il est rémunéré par le DoJ, sous forme de remise de peine… Interrogé par le vice-procureur Bini, il me décrit comme l'homme de l'ombre le plus influent du Mozambique : « M. Boustani était la personne qui m'a présenté les projets quand j'étais au Crédit suisse (…) Il était le contractant de chacun des projets. Il était la personne en relation avec les officiels mozambicains qui ont approuvé le projet, et il a contribué à organiser le projet et à maximiser la taille des emprunts (…) Il a négocié et obtenu la garantie du ministre des Finances pour les trois emprunts. » Le ministre en question est Manuel Chang, arrêté comme moi début 2019, dans un aéroport, en Afrique du Sud, à la demande des États-Unis.

« Maximiser la taille des emprunts », dans la bouche d'Andrew Pearse, veut dire que le Crédit suisse et VTB ont pu lever 2 milliards de dollars en revendant les obligations sur le marché de la dette. Les banques ne pouvaient pas supporter un tel risque de crédit seules. Elles avaient besoin de placer les emprunts. Mais une minute, Andrew ! Ces opérations, c'est le métier de base d'une banque d'affaires comme le Crédit suisse : elle monte des emprunts, les revend et se rémunère sur les commissions. Pearse soutenait que j'avais participé à cette tâche ?! Première nouvelle. Ce n'est pas mon métier. En réalité, il a lancé cette accusation étrange à la demande du DoJ. Il voulait me mouiller là-dedans, parce qu'il avait besoin d'éléments pour justifier ma comparution devant la justice américaine.

Et ce n'est pas tout. Même en imaginant un instant que la version de l'histoire élaborée par l'accusation soit la bonne, il resterait une question : en quoi la justice américaine serait-elle concernée ? C'est le point central. Et attention ! Il ne suffit pas que j'aie commis un délit n'importe où aux États-Unis. Il faut aussi prouver que je comparais devant la juridiction compétente. Les instructions au jury sont très claires à ce sujet : « Le gouvernement doit prouver que le crime lui-même a été commis dans le district est de New York » ! Un seul acte suffit, mais il en faut un, au minimum, « au-delà de tout doute raisonnable », comme on dit en droit anglo-saxon, sinon c'est l'acquittement.

Concernant la fraude électronique (*wire fraud*), le DoJ devait donc prouver que, depuis Maputo, j'avais conspiré dans le district est entre janvier 2011 et décembre 2018, approximativement, pour tromper les investisseurs ayant souscrit aux emprunts de ProIndicus, MAM et Ematum. Dans la mesure où il était question de fraude électronique, des mails, des appels téléphoniques trompeurs ou des virements de fonds ayant transité par des banques ou des serveurs informatiques basés à New York suffisaient à me mettre en cause. L'accusation faisait valoir, par exemple en 2013, qu'il y avait eu plusieurs virements en rapport avec nos projets. Ils avaient transité par la banque New York Mellon, qui se trouve dans le district est.

Pour la fraude aux valeurs boursières (*securities fraud*), c'était le même schéma. Il fallait établir que j'avais magouillé pour tromper les investisseurs entre

2013 et 2018, avec un ancrage quelconque dans le district est. Des communications électroniques avec des correspondants suffisaient, là encore, même si elles n'étaient pas centrales dans le complot, même si je n'avais jamais mis les pieds dans ce district !

Il y avait enfin le blanchiment d'argent. Cette dernière accusation était celle qui balayait le plus large, car elle concernait le transfert de dollars depuis les États-Unis ou vers les États-Unis, pour tout acte ou transaction jugés illicites selon la loi américaine ou, disait l'acte d'accusation, « selon la loi du Mozambique ».

Il faut bien mesurer ce que cela implique : la justice américaine se fait un devoir de faire respecter les lois d'un autre pays. Voilà la forme concrète que prend l'extra-territorialité juridique. Les États-Unis entendaient sanctionner « l'offense à une nation étrangère incluant la corruption d'agent public », en l'occurrence le Mozambique, comme si cet État souverain n'était pas capable de le faire lui-même. Et les États-Unis s'estiment compétents parce que des virements ou de simples mémos ont transité par une banque ou un système de communication américain… Cela peut mener très loin. C'est sans limite.

Il n'y avait pas de compromis possible avec un tel acte d'accusation. Si ça avait été le cas, nous aurions transigé et le procès n'aurait jamais eu lieu. Donc, il fallait les démolir. Pour y parvenir, nous avons choisi de nous appuyer sur la vérité et d'assumer absolument tout ce qui avait été fait au Mozambique. Nous n'avions pas à en rougir car ce n'était en rien illégal, contrairement à ce que prétendait le DoJ. Dans ses réquisitoires, ce dernier en avait fait des tonnes pour détourner l'attention des jurés de la simple réalité des faits. Mon avocat, Michael Schachter, a souligné ce point dès le début, en s'adressant au jury. Il a fait un parallèle avec la disparition de la statue de la Liberté, organisée en 1983 par le prestidigitateur David Copperfield. Un tour de magie repose toujours sur une diversion. Il faut distraire l'attention des spectateurs de ce qu'il se passe réellement sous leurs yeux.

J'ai trouvé Michael très bon. Il a lancé aux jurés :

« Jean est accusé de fraude aux valeurs mobilières, de fraude électronique et de blanchiment. Il est totalement innocent. Il est accusé d'avoir roulé les fonds spéculatifs les plus rusés de la planète. Je vais vous prouver que c'est faux. Pendant les semaines que vous passerez assis dans ce tribunal, vous ne verrez pas une preuve que Jean Boustani a planifié, organisé ou même envisagé de tromper des investisseurs et de blanchir de l'argent. Il n'a jamais rencontré un seul investisseur, il n'a jamais correspondu avec aucun d'entre eux, il n'a pas triché avec eux. Si vous voulez bien, alors que le procès commence, faites une liste des preuves que Jean Boustani a berné les investisseurs. À la fin du procès, ce sera une page blanche. Il n'y aura rien. Vous verrez aussi que Jean n'a jamais blanchi d'argent. Ce qu'il percevait était déposé sur des comptes à son nom, dans des banques qui n'ont rien à voir avec les États-Unis. Il n'a pas de compte américain, il n'a jamais parlé ou correspondu avec quiconque dans une banque américaine, il n'a ni envoyé ni reçu d'argent des États-Unis. »

Tout cela était rigoureusement exact et nous pouvions le prouver. Michael n'était pas en train de bluffer. Il a beaucoup insisté sur un point : je n'avais jamais violé la loi américaine et je n'avais jamais eu aucun rapport avec les États-Unis.

Il présente également Privinvest aux jurés. C'était indispensable. Nous ne sommes pas connus du grand public et il fallait rectifier l'image que le DoJ tentait de nous coller, celle d'une bande de magouilleurs et de fripouilles. Michael a rappelé quelques éléments : nous sommes un des leaders mondiaux de la construction navale. Nous employons des milliers de personnes. Nous fabriquons des yachts, des vedettes, des corvettes, des intercepteurs ultrarapides, des sous-marins, nous fournissons les marines françaises, allemandes, des alliés des Américains comme l'Arabie saoudite et les Émirats arabes unis. Nous voulions faire appel au bon sens des jurés : pourquoi un groupe de cette envergure, en bonne santé économique, travaillant sur des marchés sensibles, avec des clients de premier rang, prendrait-il le risque insensé d'organiser une gigantesque arnaque au détriment du Mozambique ?

C'est une question élémentaire, qui a été évacuée. La réponse est simple : il aurait fallu être complètement fou pour mettre ainsi en péril une excellente réputation, fondée sur des décennies d'effort.

Mon avocat, dans la suite de sa première adresse au jury, a bien insisté sur ce point : « Vous êtes dans ce tribunal uniquement pour déterminer si l'accusation a fait son travail, si elle a prouvé au-delà de tout doute raisonnable que Jean Boustani est précisément coupable des crimes pour lesquels il est poursuivi » : fraude aux valeurs boursières, fraude électronique, blanchiment. Mais pas corruption ! Je n'étais pas accusé de ce crime. Le DoJ en a parlé longuement à l'audience, mais c'était une fois de plus la stratégie de la diversion du magicien Copperfield. Les services du procureur auraient bien aimé me poursuivre au titre du Foreign Corrupt Practises Act de 1977 ou du Federal Corrupt Practises Act de 1910. Hélas pour eux, ils n'avaient aucun élément permettant de m'incriminer. Tout ce que j'ai fait au Mozambique était légal au regard de la loi mozambicaine, la seule qui s'appliquait en l'occurrence, car je suis ressortissant libanais. Quatre mois avant mon arrestation, une cour d'appel US l'avait rappelé : le Foreign Corrupt Practises Act ne s'applique pas à un étranger pour des faits commis à l'étranger[1].

Tout compte fait, l'accusation n'avait pas la partie si facile. J'avais joué un rôle central dans la conclusion des contrats industriels. On pouvait dire que j'étais un personnage clé du projet de surveillance des côtes ProIndicus, du projet de flotte thonière Ematum et du projet de chantier naval porté par la société MAM. De là à m'incriminer pour des transactions sur des

1. Affaire *Lawrence Hoskins*. Voir Intermède « Extraterritorialité, le début de la fin ? ».

emprunts impliquant des investisseurs dont je n'avais jamais entendu parler de ma vie, il y avait une marche. Mes avocats ont mis le DoJ au défi de la gravir. Il a échoué, mais il a fallu se battre.

# Chapitre 10

## L'effondrement de l'accusation

Je risquais jusqu'à cinquante-cinq ans de prison. Ma vie entière, en somme. Le DoJ me reprochait d'avoir surfacturé du matériel médiocre au Mozambique, d'avoir acheté des décideurs pour pousser le pays à s'endetter, afin de régler la facture, et d'avoir trompé les investisseurs en bout de course, le pays étant incapable de rembourser. Un récit calibré, en apparence cohérent, que la presse a abondamment repris, mais rempli d'invraisemblances et même d'impossibilités techniques. Je l'ai dit à la barre et plusieurs experts l'ont confirmé, à commencer par David Hinman. C'est l'un des cofondateurs de la société américaine de gestions d'actifs SW Asset Management, spécialisée dans la dette des pays émergents. Il a résumé un aspect très technique du dossier, à l'intention du jury, avec beaucoup de pédagogie. Je me suis instruit en l'écoutant, moi aussi. Lorsque j'étais chez Deloitte, j'ai audité des banques commerciales, mais je connaissais mal le fonctionnement de la banque d'investissement : on transforme un produit industriel en produit financier, on le coupe ensuite en morceaux, et on le revend avec des commissions confortables. Je simplifie. C'est beaucoup plus complexe, en réalité. Prenons par exemple Ematum, société publique mozambicaine. En 2013, elle emprunte environ 700 millions de dollars au Crédit suisse et à la banque russe VTB pour acheter des bateaux construits par Privinvest… Jusque-là, ça va encore, on arrive à suivre. Mais ensuite, les emprunts sont divisés et packagés. On leur donne une forme juridique bien spécifique, « *loan participation notes* », et c'est sous cette forme qu'ils sont placés à des investisseurs internationaux. Hinman parle d'un fonds spéculatif, SW Cayman Island, basé aux îles Caïmans et chargé de gérer de l'argent provenant de toute part, et d'une société de conseil en placement basée à Los Angeles, Ice Canyon. C'était eux, *in fine*, les créanciers du Mozambique. La dette ne pouvait pas être vendue à des particuliers. Elle a été souscrite par des fonds, ces fonds étant eux-mêmes partenaires des banques, qui elles-mêmes ont prêté à la société publique, ayant passé commande à Privinvest. Il faut garder à l'esprit que le DoJ m'accusait d'avoir escroqué les clients finaux. Autrement dit, d'avoir réussi à tromper les professionnels de Wall Street, ce qui serait déjà fort pour un marchand de bateaux comme moi, mais de l'avoir fait par ricochet, en plus ! Les « victimes » étaient des gens ayant parlé à des gens ayant parlé à des gens qui m'avaient parlé… J'aurais trouvé cela loufoque, si je n'avais pas risqué des années de prison.

David Hinman parle d'un « processus incroyablement complexe », impliquant toute une chaîne de spécialistes auxquels un pays ne peut pas facilement dissimuler son niveau d'endettement… C'est une évidence. Il est question de professionnels aguerris et de marchés très régulés. À l'été 2016, le gouvernement du Mozambique prétend découvrir la « dette cachée ». Le FMI embraye : l'État s'est porté garant de dettes émises par des entreprises publiques et il ne l'a pas dit. Scandale ! En réalité, c'est du vent. David Hinman le raconte. En avril 2016, le Mozambique, qui craignait d'avoir du mal à faire face à ses échéances, a demandé un réaménagement de dette à ses créanciers. L'idée était d'étaler les remboursements dans le temps. C'est une solution plus coûteuse à l'arrivée, mais le pays n'avait pas le choix. Des officiels mozambicains ont donc fait un *road-show*, c'est-à-dire la tournée des créanciers, à Londres et New York, pour les persuader d'accepter le deal. Celui-ci consistait, en termes techniques, à transformer des *loan participation notes* (LNP) en eurobond[1]. Il y a eu un vote, en avril 2016, et 84 % des créanciers du Mozambique ont accepté l'échange. Le taux d'intérêt payé par le Mozambique est alors passé de 6 % à 10,5 %, avec une échéance repoussée de 2020 à 2023.

Bien entendu, lors de la renégociation, les créanciers ont demandé toutes les précisions possibles sur la dette

1. L'eurobond n'a rien à voir avec l'euro. C'est un genre d'emprunt libellé dans une monnaie qui n'est pas celle du pays emprunteur. Le dollar pour le Mozambique, en l'occurrence.

du Mozambique, qu'il s'agisse de la dette directe ou des dettes souscrites par des entreprises publiques comme MAM, Ematum et ProIndicus, garanties par l'État. Ils les ont obtenues. Si ce n'était pas le cas, ils n'auraient pas accepté le rééchelonnement. David Hinman est formel à ce sujet, dans son témoignage. Selon les informations fournies par le gouvernement du Mozambique, la dette totale était exactement de 9,68 milliards de dollars, dont 8,17 milliards de dette directe et 1,51 milliard de dettes garanties. « Des investisseurs gérant de l'argent en professionnels », comme le dit David Hinman, ne pouvaient pas se tromper sur la situation exacte du pays.

En résumé : il n'y avait pas de dette cachée, la situation financière du Mozambique était connue de tous les spécialistes. Ils ont accepté le réaménagement de créances non parce qu'on les a bernés, mais parce que c'était une excellente affaire pour les souscripteurs d'emprunts (voir le chapitre suivant, « La finance vue des coulisses »). Et comme le rappelle David Hinman, le Fonds monétaire international a suivi de près ces négociations.

Pour mettre fin aux procédures engagées contre lui aux États-Unis, le Crédit suisse a accepté de payer 475 millions de dollars d'amende, dans le cadre d'un deal avec la Securities and Exchange Commission, le gendarme de la bourse américaine, le 19 octobre 2021. Le Crédit suisse, pour sa défense, a incriminé des officiels mozambicains, dont l'actuel Premier ministre, coupable, selon la banque, d'avoir dissimulé l'existence d'emprunts d'État. Il y aurait beaucoup de choses à dire sur ce deal, mais un point doit être souligné par rapport à mon affaire et à la fable de la « dette cachée du Mozambique » : il y est écrit que le FMI savait dès septembre 2013 que la société d'État Ematum avait emprunté 500 millions de dollars. En revanche, le Fonds et le parlement du Mozambique auraient découvert seulement deux ans et demi plus tard, en avril 2016, l'existence des emprunts de ProIndicus et de MAM. C'est n'importe quoi. Le FMI et les parlementaires étaient au courant dès le début.

L'accusation me reprochait aussi d'avoir soudoyé le ministre des Finances de l'époque, Manuel Chang, dans le but d'obtenir la garantie de l'État pour les emprunts des trois sociétés publiques qui étaient les clientes de Privinvest. Ni moi, ni Iskandar Safa, ni Privinvest n'avons jamais payé pour obtenir des contrats. Privinvest allait réaliser 2 milliards dans le pays. Il était normal d'en réinvestir une partie au Mozambique, soit en prenant des participations dans des entreprises qui semblaient prometteuses, soit en choisissant des sociétés mozambicaines comme prestataires de service. Si les investissements étaient judicieux, c'était bon pour nous. Dans le cas contraire, ils auraient au moins montré notre volonté sincère de travailler dans la durée avec ce pays. Certaines de ces sociétés étaient détenues partiellement par des membres du gouvernement, nous n'avons jamais dit le contraire, mais tout se faisait dans la transparence et le respect des lois du Mozambique. Il n'y a pas eu de commission occulte, Privinvest n'a pas acheté le ministre des Finances. Comme je l'ai expliqué lors de l'audience, cela aurait été inutile, car Manuel Chang n'avait pas le pouvoir d'accorder la garantie de l'État. C'est une prérogative qui appartient à la Banque centrale du Mozambique, avec laquelle ni moi ni personne chez Privinvest n'avons jamais eu aucun contact ! L'accusation se contredit elle-même : les emprunts étaient « cachés », mais les ministres, leur entourage, la Banque centrale, tout le monde était dans la combine ! Mais alors, c'était caché à qui ?

Concernant le financement de la vie politique, oui, nous avons financé des candidats au Mozambique. Le président actuel, Filipe Nyusi, nous a sollicités, lui aussi, à l'époque. C'était fait en toute légalité.

Les enquêteurs américains ont gravement travesti la réalité pour faire croire le contraire. J'ai vu les comptes-rendus des réunions de travail de l'accusation. Le FBI a envoyé des enquêteurs à Maputo en février 2019, pour rencontrer Teófilo Nhangumele. Nous l'avions rémunéré comme apporteur d'affaires privé, dans les règles. Le FBI l'a requalifié en « personne publique », pour accréditer l'accusation de corruption. Les enquêteurs ont aussi tenté de faire passer des surnoms que je donnais aux uns et aux autres pour des tentatives de dissimulation. Dans mes mails, j'appelais Armando Guebuza Junior « Crocodile », et la directrice du Trésor au ministère des Finances, Isaltina Lucas, « Três Beijos », trois baisers. Sortis du contexte, ces pseudonymes pouvaient passer pour des indices de l'existence du complot. Quand nous avons montré au jury l'intégralité des mails d'où ils étaient extraits, il a été très facile de prouver que c'étaient des blagues puériles, rien de plus...

Nous avons investi des dizaines de millions de dollars, mais il faut se remettre dans le contexte : les perspectives étaient considérables. Le gouvernement avait donné l'exclusivité des prestations de sécurité pour les sociétés exploitant le gaz offshore à ProIndicus. Ce seul marché représentait des dizaines de millions de dollars, sans parler des chantiers de construction d'infrastructures, qui allaient profiter aussi aux entreprises locales. De notre côté, à Privinvest, on se voyait dans le pays pour longtemps, et nous trouvions juste et intelligent de réinvestir au Mozambique une partie des bénéfices réalisés dans ce pays. Que ce soit dans l'immobilier, la banque ou les télécommunications. C'était intéressant pour nous comme pour le Mozambique. L'économie était en plein boom !

Nous avions même proposé au gouvernement de Guebuza d'adopter une « loi de contrepartie », ou *offset law*. Elle prévoit des clauses qui obligent un fournisseur international à investir dans le pays, quand il obtient un marché. La Turquie, la Corée du Sud, Taiwan se sont développés en partie grâce à de telles lois.

À titre personnel, j'envisageais de m'installer à Maputo à l'année, avec ma famille, pour faire du Mozambique ma base arrière, dans le but de travailler avec d'autres pays africains. J'étais confiant et enthousiaste. Tout était à construire, et Privinvest avait l'opportunité de montrer ses compétences. Le Mozambique devait être notre vitrine en Afrique. Nous avons fait des choix d'entrepreneur, mûrement réfléchis, en rémunérant des apporteurs d'affaires, en prenant des participations avec une vision sur des années. Les sommes versées ne servaient pas à soudoyer des décideurs. Le FBI et le DoJ ont monté des accusations de magouille sur du vent. Ils n'ont rien compris, ou rien voulu comprendre. L'audience l'a montré. Une fois remis dans le contexte, expliqués, mails et témoignages à l'appui, les virements de Privinvest qui constituaient les « preuves accablantes » de la corruption, selon l'acte d'accusation, prenaient un tout autre sens. De l'argent circule, oui. Ce sont les affaires. On a versé de l'argent à un homme politique qui est aussi un entrepreneur, oui. En totale conformité avec les lois nationales.

Quant à la corruption présumée des banquiers, cette énième accusation était franchement grotesque. Comme je l'ai raconté lors de mon témoignage, il a fallu des mois de négociations pour débloquer ces prêts. Privinvest a aidé les trois entreprises publiques mozambicaines qui étaient ses clientes à trouver des financements. Cela n'a jamais été secret. Nous les avons mis en contact avec le Crédit suisse et la banque russe VTB, c'est vrai également. Toutefois, à l'époque, il n'était vraiment pas nécessaire de corrompre qui que ce soit pour que des banques s'intéressent au Mozambique. Elles se bousculaient plutôt pour financer des projets dans le futur « Qatar de l'Afrique ». Le gérant de fonds David Hinman l'explique dans son témoignage : le Mozambique est plus intéressant que le Danemark pour un investisseur, car le premier paie des taux d'intérêt plus élevés que le second, quand il emprunte. C'est la prime de risque. Le Danemark est un pays prospère et très stable, les risques de défaut sur la dette ou de révolution sont négligeables. Un emprunt danois est donc un placement sécurisé et peu rémunérateur. Le Mozambique est un pays en voie de développement, une économie émergente, relativement instable. Un emprunt mozambicain est plus performant mais plus périlleux. Les « *due diligences* », c'est-à-dire l'évaluation des risques, sont faites avec plus de soin dans le cas du Mozambique que dans celui du Danemark. Et c'est précisément la raison pour laquelle les accusations de corruption de banquiers étaient invraisemblables. On m'a reproché d'avoir soudoyé Andrew Pearse et deux de ses proches collaborateurs du Crédit suisse, Surjan Singh et Detelina Subeva, soit trois personnes au total. À supposer que cela soit possible et que j'aie voulu le faire, j'aurais perdu mon temps. Acheter un banquier, ou même plusieurs, serait inutile. Le circuit de décision est trop complexe. Quand vous empruntez des centaines de millions de dollars, derrière vos interlocuteurs directs, il y a toute la machine que personne ne voit jamais, les différents comités qui scrutent le risque pays, le risque de blanchiment, etc. Et par ailleurs, pourquoi aurais-je voulu acheter Detelina Subeva ? Andrew Pearse l'a dit spontanément dans son témoignage, c'était une « junior », une employée sans pouvoir de décision. En tant que directeur opérationnel (*managing director*), Pearse avait plus de poids, mais là encore, il le rappelle lui-même à l'audience, il avait seulement « une part de responsabilité » dans les *due diligences*. Il ne contrôlait pas tout le processus. Idem pour Surjan Singh. La décision d'accorder ou non le prêt ne relevait pas d'eux en interne au Crédit suisse, mais du département du risque crédit (*Credit risk department*), avec lequel je n'ai pas été en contact. Inutile de dire que lors des audiences, Singh et Pearse ont été mis à rude épreuve. Même lorsque c'était l'accusation qui les faisait parler, avec des questions orientées dans le but d'obtenir des réponses qui m'enfonçaient, on voyait les contradictions dans leur récit. Quand mon tour est venu de prendre la parole devant le jury, j'avais une version de l'histoire plus simple et plus convaincante que la leur, pour expliquer les versements qui leur avaient été consentis : Andrew Pearse, démissionnaire du Crédit suisse au moment où je l'ai rencontré, nous a proposé de créer une structure de financement dont Privinvest serait actionnaire. Il nous a demandé de recruter au Crédit suisse son ami Surjan Singh et sa maîtresse Detelina Subeva, en les dédommageant pour la perte de leurs stock-options, primes, bonus, etc. Nous avons accepté, nous avons payé. Tout simplement.

Andrew Pearse s'est accusé lui-même d'avoir été corrompu, pour me faire plonger. Il récitait le rôle que lui avait écrit le DoJ. Il a rencontré les procureurs adjoints plus de trente fois [deuxième répétition], avant le procès.

Le FBI et le DoJ étaient-ils dupes de leurs propres contre-vérités ? J'en doute. Le DoJ ne croyait pas à ses propres arguments sur ma responsabilité dans la corruption. La fraude aux investisseurs ne tenait pas davantage la route, mais le DoJ ne pensait pas avoir à la prouver : il voulait aller à la transaction, pas au procès. Il me paraît également impossible que le DoJ ait cru à la culpabilité de Naji Allam, le directeur financier de Privinvest, ou « *chief financial officer* » en anglais (CFO). Il a été poursuivi lui aussi, uniquement parce que son nom apparaît dans des mails que j'envoie, et où je lui demande de virer telle ou telle somme à un partenaire. Le procureur américain savait forcément qu'un CFO n'a pas de pouvoir de décision. Le poursuivre n'avait aucun sens. C'était du buzz, de la poudre jetée aux yeux des jurés dans l'espoir d'accréditer la conspiration, en donnant l'impression d'une machine organisée, avec des complicités à différents niveaux.

Dans le récit construit par l'accusation, Privinvest avait aussi trompé ses clients mozambicains sur la quantité et la qualité du matériel vendu. Le procès a donc été l'occasion de parler en détail des bateaux et des systèmes de surveillance. C'est un point très important. Nous avons livré tout le matériel commandé, nous avons tenu nos engagements. Concernant la qualité et les prix demandés, ma défense a frappé fort, en citant comme témoin en ma faveur un amiral américain à la retraite, Stanley Bryant. Il y a eu tout un débat préliminaire sur sa qualité : pouvait-il être qualifié d'« expert » en évaluation de matériel, au sens précis que la justice américaine donne à ce mot ? L'accusation considérait que non, et le juge lui a donné raison, ce qui était très contestable, car après ses trente-sept ans dans la Navy, l'amiral Bryant a travaillé pour deux des plus grands fournisseurs de la Défense, Raytheon et Lockheed-Martin. C'était incroyable. On ne lui reconnaissait pas la compétence pour évaluer la valeur du matériel livré. Peu importe, il a témoigné comme amiral et les jurés ont retenu ça. L'armée a un grand prestige, aux États-Unis, et notre témoin en était l'incarnation : ancien pilote de l'aéronavale, ancien commandant de porte-avions nucléaire, vétéran du Vietnam, médaillé… Or, qu'a dit Stanley Bryant ? Que Privinvest avait livré le matériel promis et que la qualité était au rendez-vous. Il a quand même donné son avis sur les prix. C'était important, car Privinvest a été accusé d'avoir surfacturé les navires et les radars. Une accusation reprise partout à la légère. L'amiral Bryant a expliqué que les contrats signés par le Mozambique ne portaient pas sur de simples livraisons de matériels. C'était du « *turn-key* », c'est-à-dire du clé en main. Le prix comprenait des navires, des drones et des radars, mais aussi l'installation, les paramétrages, les tests, la formation, la maintenance, et d'autres prestations qui expliquaient les prix sans difficulté. Sans parler des transferts de propriété intellectuelle que nous avions acceptés en faveur du Mozambique ! C'est un point qui avait joué dans la conclusion du contrat. Armando Guebuza voulait industrialiser son pays et il savait que peu de nos concurrents auraient accepté de partager leur savoir-faire et leurs brevets.

À propos de contrat « *turn-key* », clé en main, l'amiral fait un parallèle intéressant, dans son témoignage, avec le programme américain d'avions de chasse « Joint

Strike Figther ». Ce programme va coûter 1 500 milliards de dollars aux États-Unis sur 50 ans, pour 3 000 avions au total. Si on divise la facture par le nombre d'avions, on arrive à la somme ahurissante de 500 millions de dollars par chasseur ! Ce serait de la folie. Le coût unitaire du JSF est en réalité de 85 millions de dollars, auxquels il faut ajouter des centaines de millions de dollars pour construire des simulateurs, des hangars, des centres d'entretien, etc. Les besoins en prestations annexes étaient considérables, dans un pays comme le Mozambique. On ne pouvait pas implanter des stations de surveillance sans beaucoup de dépenses de génie civil dans des régions excentrées, parfois desservies seulement par des pistes en mauvais état.

On peut se demander si le Mozambique avait besoin du matériel qu'il a acheté. « Absolument », a répondu Stanley Bryant. Entre la piraterie, la contrebande et les risques de pillage de ses ressources en gaz, le pays devait se doter d'outils de protection de sa zone économique exclusive et de surveillance de ses côtes interminables.

Le choix des navires commandés lui semblait également cohérent avec les nécessités d'une « défense en profondeur », comme disent les militaires. Le Mozambique avait besoin de quelques navires très rapides, capables de se projeter loin des côtes, et de navires plus nombreux, destinés à des patrouilles rapprochées. En termes de taille, de vitesse et de nombre, nous avions fourni à notre client exactement ce dont il avait besoin. Stanley Bryant a été élogieux sur nos DV15, nos HSI32 et notre modèle de catamaran Ocean Eagle. J'aurais pu dire moi-même au jury qu'il s'agissait de navires rapides, endurants, à grande autonomie, faciles d'entretien et à faible signature radar. Lorsque c'est un ex-amiral de la Navy qui le dit à des jurés américains, c'est encore mieux. Compte tenu de son passage dans l'industrie, il a pu également parler des drones et des radars. Les deux se trouvaient dans son domaine de compétence. Il n'a pas tari d'éloges sur nos prestations.

Signe qui ne trompe pas, l'accusation n'a pas demandé de contre-interrogatoire de l'amiral. C'était le dernier témoin pour la défense et il a été très important. À la limite, à lui seul, il suffisait à me disculper. Si le matériel était de qualité, si le prix était conforme au marché, il n'était pas nécessaire de soudoyer des dizaines d'officiels pour le vendre. Tout simplement.

D'ailleurs, un autre amiral américain en retraite est venu à mon secours, en août 2019, dans la publication spécialisée *Marinelink*. Il s'agit de Gary Roughead, ancien commandant de la flotte US dans le Pacifique. Son article s'intitule : « Les fournitures de Privinvest pour le Mozambique, un modèle pour l'Afrique » ! Il écrit qu'il a audité les systèmes et les navires que nous avons livrés, et sur la base de son expérience des « défis de la sécurité maritime en Afrique liés à la piraterie et autres activités illicites », il conclut que « Le matériel est approprié aux tâches pour lesquelles il a été acheté, pêche commerciale et sécurité côtière », les navires sont « modernes, opérationnels et impressionnants, sans être excessivement complexes », livrés avec les transferts de technologie correspondants. Un modèle à suivre, conclut l'amiral Roughead…

# Chapitre 11

## Intermède
## La finance vue des coulisses

Le procès de Jean Boustani a vu défiler à la barre plusieurs professionnels de la finance. Interrogés par la défense ou par l'accusation sur d'éventuelles malversations autour des emprunts souscrits par le Mozambique, ils ont été amenés à parler de leur métier avec un luxe de détails rare, ce qui rend leurs témoignages particulièrement instructifs.

Le marché international des obligations est une affaire sérieuse. Il est très sophistiqué. Schématiquement, lorsqu'un pays lance un emprunt, il passe par une banque émettrice. Celle-ci propose les obligations (autre manière de désigner l'emprunt) à des sociétés de placement, qui elles-mêmes ont un portefeuille de fonds spécialisés par zone géographique (Asie, Europe, Amérique du Nord, etc.) et par niveau de risque et de rendement (faible, moyen, élevé). Les investisseurs finaux peuvent être des banques, des institutions religieuses, des fonds de retraite…

Lorsque les sociétés de placement souscrivent à l'emprunt d'un pays émergent, c'est donc pour le revendre aussitôt, moyennant commission. Elles ne travaillent pas sur la base d'un tract publicitaire de quelques pages. La banque émettrice leur fournit une documentation détaillée. Elles analysent par ailleurs le niveau de risque de l'émetteur. Plus le pays est instable, plus il est rémunérateur. Alors que l'Allemagne ou la Suisse empruntent pratiquement à 0 %, le Mozambique paye des taux d'intérêt de 6 % à 8 %.

Lors du procès de Jean Boustani, un gérant de portefeuille d'une de ces sociétés a été interrogé. Il se nomme Jason Kaplan, il travaille pour NWI Management et il s'occupe plus particulièrement d'un fonds basé aux îles Caïmans, l'Emerging Market Fixed Income Master Trust. Ticket d'entrée minimum : un million de dollars. À ce niveau, bien entendu, tous les souscripteurs sont des investisseurs avertis. Interrogé par l'avocat de Jean Boustani, Jason Kaplan a admis qu'ils avaient tous conscience du « haut niveau de risque allant jusqu'à la perte totale des sommes investies ». Il a également admis qu'il n'avait « pas misé l'argent des investisseurs sur la conviction qu'une start-up de pêche au Mozambique allait générer des revenus significatifs », à la hauteur des espoirs de rendement de ses clients. Il misait sur « le gaz naturel et le pétrole du Mozambique ». Par conséquent, il n'a « pas posé beaucoup de questions à propos des projets de pêcherie ».

Beaucoup de médias ont parlé du « Scandale du *tuna bond* » : le Mozambique aurait levé inconsidérément des centaines de millions de dollars pour se doter d'une flotte de pêche au thon, avec des promesses de rendement irréalistes.

Il n'a jamais été question de lever 2 milliards de dollars uniquement pour construire une flottille de pêche. Cette dernière était une partie d'un ensemble plus vaste, comprenant des navires de surveillance sophistiqués, des radars, des drones et des infrastructures d'exploitation du gaz offshore. C'est bien ainsi que les emprunts ont été vendus et achetés, entre spécialistes. Le discours sur la pêche au thon durable n'était pas mensonger, mais il a pris une importance démesurée. La flottille de thoniers était économiquement secondaire, par rapport au gaz. La première pouvait rapporter des dizaines de millions de dollars annuels, et le second, des milliards de dollars.

Ce volet des projets gouvernementaux a été mis en avant, plus que le volet hydrocarbures et les volets sécurité et surveillance, sans doute parce que l'environnement et les « blue bonds » sont à la mode.

### *Blue bond et tuna bond*

Présentés par leurs promoteurs comme un innovation majeure, les blue bonds sont des emprunts dont le sous-jacent est un actif naturel. Dans le cas des Seychelles, par exemple, l'actif naturel d'un blue bond lancé en 2019 est formé d'atolls et de récifs coralliens.

Les sommes levées sont supposées financer des programmes de protection de la nature. Les devises du tourisme, favorisé par ce cadre préservé, permettront de rembourser la dette. Dans la variante halieutique qu'avait choisi le Mozambique, il s'agissait d'emprunter pour se doter d'une flottille de thoniers, d'où le nom, *tuna bond*. Le produit d'une pêche durable et responsable, envisagée dans une perspective de long terme, devait générer les recettes permettant de faire face aux échéances. Les Nations unies, la Banque mondiale et le FMI croient beaucoup à ces blue bonds. Ils leur prêteraient volontiers le pouvoir de dépasser l'antagonisme entre le développement économique et la protection de l'environnement. Ces diverses instances internationales ont adoubé le *tuna bond* mozambicain. C'était un beau projet pilote, qui devait prouver la validité de ce concept encore jeune. Lancé en 2013, il était également approuvé et promu par des ONG environnementales, comme le WWF ou la coalition 50in10. Beaucoup d'articles et de communiqués laudateurs ont été écrits au moment du lancement de ce *tuna bond*. Les comptes-rendus du procès de Jean Boustani montrent que les professionnels de la dette des marchés émergents leur ont accordé de l'attention, mais sans perdre de vue les hydrocarbures. Pour eux, dès le début, il était évident que les emprunts seraient principalement remboursés grâce aux hydrocarbures. Il n'y a jamais eu de volonté de dissimulation, mais il y a eu un net décalage entre les discours pour initiés et les discours pour le grand public.

Il est exact que les projets de développement des pêcheries ont tourné court, mais ce n'est pas parce que les objectifs de capture étaient farfelus. C'est plutôt par manque d'accompagnement politique, et parce que la crise des matières premières de 2014-2015 a désorganisé toute l'économie nationale. Rien ne dit que la pêche au thon ne prendra pas un jour son essor au Mozambique.

### *Le défaut de paiement, une excellente affaire*

Le procès a mis en évidence une autre réalité : la faillite d'un pays peut être en réalité une excellente affaire pour les investisseurs. Selon le département de la Justice américain (DoJ), le défaut sur la dette du Mozambique, causé par l'échec de la pêche au thon elle-même plombée par la corruption, aurait fait perdre de l'argent à des investisseurs américains. Pressé de questions par les avocats de la défense, Jason Kaplan a été obligé d'admettre que la réalité était un peu plus nuancée.

Le financier ne s'est pas fait prier pour admettre que si le Mozambique s'est trouvé dans l'incapacité d'honorer ses dettes en 2016, c'est parce que la crise des matières premières a provoqué une chute de la devise nationale. C'est le genre d'aléas auquel les spécialistes des marchés financiers sont habitués. Il en faut plus pour leur faire perdre leur sang-froid. En l'occurrence, NWI Management a continué à souscrire à des emprunts du Mozambique jusqu'en 2018, c'est-à-dire deux ans après le défaut de paiement. La décision n'a pas été prise à la légère : Jason Kaplan a rencontré le président de la Banque centrale, le ministre de l'Économie et le ministre des Finances du Mozambique, venus plaider leurs causes chez NWI, à New York, en 2017. « Il est habituel que l'émetteur et ses banquiers viennent expliquer la transaction aux investisseurs potentiels », explique Jason Kaplan dans sa déposition. Sur la base de ces entretiens approfondis, il avait conclu que l'affaire était bonne. Aux abois, le Mozambique était contraint d'accepter des taux d'intérêt élevés, en échange d'un étalement de ses paiements, comme le ferait un simple particulier surendetté !

Au total, Jason Kaplan a admis que NWI, ayant prêté 70 millions de dollars, avait dégagé un bénéfice net de plus d'un million de dollars en cinq ans grâce aux intérêts versés par le Mozambique. Et NWI aurait pu en gagner encore davantage, si elle avait gardé ses emprunts un peu plus longtemps, toujours selon Jason Kaplan.

David Hinman, un spécialiste des marchés financiers cité à la barre, a présenté au jury un calcul qu'il avait fait de la rentabilité des obligations mozambicaines, en tant que produit financier : en souscrivant un million de dollars dès le jour de leur émission sur les marchés, c'est-à-dire le 9 novembre 2013, en acceptant de les convertir en eurobond en 2016 et en les gardant en portefeuille jusqu'au 11 novembre 2019 (jour où Hinman s'exprime à la barre), un investisseur obtenait une rentabilité de 47 %, ce qui veut dire qu'il gagnait 470 000 $ en six ans. Étrange victime.

Un autre gérant de portefeuille, Marco Santamaria, qui travaillait pour la société Alliance Bernstein, a perdu de l'argent dans ses transactions autour de la dette mozambicaine. Toutefois, comme il le reconnaît lors de l'audience, ces pertes étaient liées uniquement à des reventes au mauvais moment. En conservant les emprunts quelques mois de plus, Alliance Bernstein pouvait empocher jusqu'à 30 millions de dollars de bénéfices. La chronologie est très importante pour comprendre ce qu'il s'est passé. En 2013, Alliance Bernstein a été sollicitée par le Crédit suisse pour souscrire à un emprunt émis par Ematum, autrement dit, par la République du Mozambique. Elle a acheté de la dette. En mars 2016, Alliance Bernstein, qui suit ses dossiers, sait, comme tout le monde sur les marchés, que les emprunts du Mozambique ne pourront pas être remboursés comme prévu. Ils vont être rééchelonnés sous la forme d'un eurobond. Ce n'est pas un secret. En octobre de la même année, loin de fuir ce pays sentant le soufre, Alliance Bernstein souscrit pour 15,4 millions de dollars d'eurobond du Mozambique. Pourquoi ? Parce que l'analyse des risques a montré que le jeu en valait la chandelle. Le pays avait encore de quoi payer, même s'il était aux abois.

Les deux gérants de portefeuille le répètent plusieurs fois, ces investissements étaient risqués, mais ni plus ni moins que des dizaines d'autres, faits sur le marché de la dette des pays émergents. Que leurs clients aient gagné ou perdu de l'argent a dépendu en définitive d'arbitrages, comme les traders en font des centaines chaque semaine. Contrairement à ce que prétendait le DoJ, la cause des pertes, quand il y en a eu, n'était nullement la corruption, ni les mensonges ou les dissimulations de l'emprunteur, à savoir l'État du Mozambique : c'était surtout une question d'opportunité et d'arbitrage. Il va sans dire que Marco Santamaria et Jason Kaplan ne connaissaient pas Jean Boustani. Ils n'avaient aucune raison de le rencontrer. Alliance Bernstein, en particulier, avait acheté l'eurobond sur ce qu'on appelle le marché secondaire de la dette. Ce marché est celui où des créanciers échangent des emprunts émis par toute sorte de pays. Les dettes nationales, en effet, sont des produits financiers comme les autres, qui peuvent changer de mains de très nombreuses fois entre leur émission et leur échéance.

Il faut avoir conscience de cette complexité des marchés financiers pour bien mesurer l'incongruité des accusations américaines. Comment Privinvest, fournisseur du Mozambique, pays ayant émis des obligations, revendues dix ou vingt fois, à des cours fluctuants, sur le marché hyper contrôlé de la dette, pourrait-il être tenu pour responsable des gains et des pertes de tel ou tel investisseur à un moment donné ? Le DoJ n'a pas réussi à convaincre les jurés, sans surprise.

La dénonciation des prétendus mensonges du *tuna bond* est tout aussi incongrue. Aucun fonds spécialisé dans la dette des pays émergents n'aurait accepté de prêter plus de 800 millions de dollars à un pays pauvre comme le Mozambique pour développer une flotte thonière. Aucune prévision sérieuse ne laissait espérer que le thon dégage assez de bénéfice pour rembourser une telle somme. Les représentants du pays, qu'il s'agisse des ministres ou des banques, n'ont d'ailleurs pas menti aux investisseurs à ce sujet. Les ONG et la plupart des médias, hélas, ont fait comme s'il y avait eu cachotterie et dissimulation. Au passage, ils ont délaissé la question du coût exorbitant de la renégociation de sa dette pour le Mozambique. Affaibli par un pseudoscandale de corruption, le pays a frappé à la porte des bailleurs de fonds dans une position de faiblesse terrible, en 2016. Le surcoût à payer en taux d'intérêt est difficile à évaluer, mais il se chiffre sans doute en centaine de millions de dollars, qui passeront du Mozambique vers les investisseurs fortunés de New York ou Londres. En toute légalité.

# Chapitre 12

## Les leçons du verdict

« Au terme de sept semaines de procès et de l'examen de milliers de pièces, l'argumentaire du gouvernement américain, construit sur une succession de mensonges, s'est effondré », ont déclaré les avocats français de Privinvest à l'issue du procès, Mes François Artuphel et Jacqueline Laffont. Les décisions des jurés américains ne sont pas motivées, mais la lecture des cinq mille pages de transcription d'audience ne laisse pas de place au doute : l'accusation s'est ramassée. Et cela se voyait ! À la fin de mon interrogatoire par le procureur Mark Bini, le marshal qui m'escortait chaque jour entre le tribunal et la prison, avec qui j'avais fini par sympathiser, m'a dit : « Si j'étais le jury, je te déclarerais non coupable. » Franchement, à aucun moment je ne me suis senti en difficulté, alors que tout le monde voyait que le département de la Justice était souvent coincé. On a répondu à tout. Les emprunts auraient été cachés au FMI jusqu'en 2016 ? On avait des mails datés de 2014 du bureau du FMI à Maputo parlant des emprunts. Le matériel livré aux Mozambicains par Privinvest aurait été surévalué ? On a produit comme témoin un ancien amiral de l'US Navy, devenu consultant, qui a salué la qualité des équipements. Il a fait forte impression. Les Américains ont beaucoup de respect pour leur armée. Je ne pouvais pas parler aux jurés, évidemment, mais le langage du corps est suffisamment éloquent. Jour après jour, je notais des signes encourageants. L'acharnement du procureur et sa mauvaise foi évidente les agaçaient.

Les jurés ont-ils tout compris ? Je n'étais pas dans leur tête. Il fallait s'accrocher, ils l'ont fait. De notre côté, on avait des experts de premier ordre. Je me souviens d'un moment, en particulier, concernant les systèmes de paiement. L'accusation soutenait que le crime concernait les États-Unis, et plus précisément la *court* de Brooklyn, Eastern District, parce que des dollars avaient été utilisés pour les transactions, en utilisant les services de banques new-yorkaises. Pour moi, c'est de la dinguerie, sur le principe. Mais si on entre dans les détails, on comprend très vite qu'en plus, c'est beaucoup plus compliqué ! Dans le cas de mes prétendus paiements frauduleux, dire que des dollars avaient circulé entre Abu Dhabi, le Mozambique, l'Afrique du Sud et New York était tout simplement faux. Il y avait des dollars et une banque américaine dans la boucle, mais la réalité est complexe. Notre témoin sur ce volet de l'affaire était Malene McMahon, une experte des systèmes de paiement qui a plus de trente ans de banque derrière elle. Elle nous a facturé

30 heures à 600 $, 18 000 $ au total, ce n'est pas secret. Ma défense a coûté une fortune. Pour faire face au DoJ, soit vous sortez l'artillerie lourde, soit c'est fini avant d'avoir commencé.

Malene McMahon a expliqué au jury comment se déroulent les paiements internationaux. C'est assez compliqué. Premier point, très important, Privinvest n'a pas de compte aux États-Unis. Imaginons que notre société verse un million de dollars, depuis son compte à Abu Dhabi, à quelqu'un, peu importe qui, en Afrique du Sud. Une banque américaine, partenaire de la banque de Privinvest aux Émirats, s'occupe de la transaction en dollars depuis New York. Attention, l'argent ne transite pas réellement entre Abu Dhabi, New York et Johannesbourg ! C'est plus subtil. Il va y avoir un mouvement en dollars entre des comptes ouverts dans différentes banques, complété par un mécanisme de compensation, pour qu'à la fin, la banque de Privinvest à Abu Dhabi soit débitée, et que le bénéficiaire sud-africain reçoive des rands. À l'arrivée, quand on demande à Malene McMahon si un seul dollar a circulé entre le Golfe et New York dans cette histoire, elle répond « non », catégoriquement. Le procureur ne peut rien rétorquer, c'est tout un pan de l'accusation visant à justifier ma comparution devant un tribunal américain qui se casse la figure. Les jurés de Brooklyn, forcément, se demandent ce qu'ils font là.

Nous avons choisi dès le début une ligne de défense basée sur la transparence : oui, Privinvest a versé des commissions à des intermédiaires, oui, Privinvest a financé la campagne présidentielle de 2014 pour le Frelimo, parti alors au pouvoir. « *Truth will set you free* » (La vérité te rendra libre), disait souvent mon avocat. « *Honesty is the best policy, just be straight, don't be shy.* » « L'honnêteté est la meilleure ligne de conduite, va au but sans timidité. » Le jury était composé de simples citoyens américains, qui avaient sans doute des préjugés sur l'Afrique, mais de notre côté, nous n'avions rien à cacher, il fallait être direct : il y a de la corruption en Afrique, OK, mais moi qui comparais devant vous, je n'ai corrompu personne. Les commissions que nous avons versées étaient légales. Nous avons travaillé avec des entreprises contrôlées par des officiels, oui, mais dans le cadre de la réglementation locale. Nous avons financé des partis politiques, c'est autorisé au Mozambique. Aux États-Unis aussi, d'ailleurs… Malheureusement, il ne suffit pas d'être innocent pour être acquitté. Plusieurs choses ont fait la différence en ma faveur. Tout le monde me l'a dit, mon témoignage a beaucoup joué. À aucun moment, l'accusation n'a réussi à me piéger. C'est au contraire le procureur Mark Bini qui s'est souvent retrouvé en difficulté. De son côté, il a fait des erreurs. Les jurés étaient en majorité de simples citoyens de Brooklyn. Les témoins du département de la Justice étaient des gérants de fonds, des financiers, des banquiers. Autrement dit, le procureur, censé défendre le peuple des États-Unis, tentait de faire passer pour des victimes trop confiantes des gens qui, pour l'Américain de la rue, sont les vautours de Wall

Street ! En plus, mes avocats ont réussi à faire admettre aux représentants des sociétés d'investissement cités comme témoin qu'ils avaient gagné des millions de dollars grâce aux emprunts du Mozambique. Et j'étais coupable ? Mais de quoi ? De leur avoir permis de s'enrichir ?

Les jurés ont particulièrement détesté la pièce clé du dispositif de l'accusation, Andrew Pearse. Il tentait de se faire passer pour une victime supplémentaire du grand corrupteur Boustani… Mes avocats l'ont mis plusieurs fois en face de ses mensonges. En plus, il a dû admettre à l'audience qu'il trompait sa femme avec sa collègue bulgare, Detelina Subeva. Sur le fond, c'est un détail, mais qui le décrédibilisait encore plus, surtout aux yeux des femmes, qui étaient en majorité dans le jury. « Ce monsieur a menti à son épouse, pourquoi ne nous mentirait-il pas à nous aussi ? »

David Howard, qui était de toute évidence la personnalité leader du jury, était exaspéré par l'insistance des avocats du département de la Justice à marteler le thème de la corruption, alors que leur dossier était vide de preuves matérielles. Même les témoignages visant à l'établir ne tenaient pas debout. Surjan Singh, par exemple, soutenait à la fois que je l'avais acheté quand il était chez Crédit suisse et qu'il n'avait pas de pouvoir de décision ! Il a essayé de s'en tirer en prétendant qu'il n'était pas décisionnaire, mais un peu, quand même… Il exerçait une influence, d'où la corruption. C'était bancal. En face, j'avais des explications simples : oui, j'ai donné de l'argent à ce M. Singh, parce qu'Andrew

Pearse nous a demandé de faire un package de bienvenue à l'équipe qu'il débauchait du Crédit suisse pour créer Palomar, sous prétexte qu'ils prenaient des risques et qu'ils perdaient leurs stock-options. Pour l'anecdote, Surjan Singh a finalement renoncé à quitter le Crédit suisse, mais il a fallu que je me fâche pour qu'il nous rende l'argent que nous lui avions versé ! Pour couronner le tout, il surjouait cet accent britannique que les Américains trouvent snob.

Un autre signe d'impréparation : le procureur Mark Bini a demandé en cours de procès à faire citer un témoin qui n'était pas prévu initialement, Denise Namburete. C'était la porte-parole d'une ONG mozambicaine, qu'il voulait interroger sur le thème de la pauvreté dans le pays.

En fait, à ce stade du procès, Bini était coincé. Il devait trouver une victime, et ce n'était pas si facile. Il avait tenté de faire jouer ce rôle à des professionnels de la finance. Erreur tactique. Il essayait donc la carte du peuple mozambicain soi-disant spolié par Privinvest, en faisant venir à la barre une représentante de la société civile mozambicaine.

Le juge décidait, mais nous avions notre mot à dire. Michael était tout excité : « C'est excellent, je prie pour qu'ils la fassent venir ! » Il avait vu la faille. Le témoignage de Denise Namburete pouvait faire tomber la procédure à lui tout seul, si jamais on allait en appel (Michael n'osait pas me dire « Quand on ira en appel », pour préserver mon moral). En la faisant citer. Le DoJ était en train d'introduire dans le dossier une nouvelle « victime » qui n'était pas annoncée au départ. La sanction, c'était la nullité de toute la procédure. Il m'a demandé mon avis sur la conduite à adopter. Nous pouvions refuser ce témoin de dernière minute, ou l'accepter, dans le but de nous garder une possibilité de recours en annulation. C'est ainsi que nous avons fonctionné pendant tout le procès. Il m'exposait les données juridiques et je décidais. J'ai accepté le témoin-surprise. Finalement, Donoghue, le supérieur de Mark Bini, a compris le danger. En plein week-end, il a retiré la demande visant à faire témoigner Denise Namburete.

Petite parenthèse sur cette Namburete : l'ONG qu'elle représente est en bons termes avec l'ambassade US au Mozambique. Elle a bénéficié d'un financement américain en 2019. Peut-être que ces ONG font du bon boulot, mais il ne faut pas être naïf, elles deviennent à l'occasion des agents d'influence. Renvoi d'ascenseur.

À la décharge de Mark Bini, il faut dire qu'il a pris en cours de route une affaire préparée par un autre procureur, Matthew Amatruda. Celui-ci a démissionné de son poste en cours de procédure, pour aller travailler comme consultant juridique pour Exxon… au Mozambique ! Un tel pantouflage est légal aux États-Unis, semble-t-il. Je ne peux pas imaginer que Matthew Amatruda ait enfreint la loi.

Quand il a démissionné, Amatruda savait que je plaidais non coupable. Serait-il parti parce qu'il anticipait une issue défavorable pour le DoJ ? Possible. Dans le système américain, les procureurs se font un nom sur quelques affaires emblématiques, puis ils monnayent ensuite leur prestige dans des cabinets juridiques. Michael, mon avocat, a lui-même été procureur et il m'a raconté comment les choses se passent chez eux. Ils gagnent bien leur vie aux États-Unis, mais en passant dans le privé, ils multiplient leur salaire par dix. Vu la claque monumentale qu'a représentée mon acquittement, la cote de Mark Bini est tombée au plus bas. Il a encaissé le choc de sa vie. Il pensait construire sa réputation sur cette affaire, gagner des millions de dollars. Raté. Il fallait faire comme Matthew Amatruda, qui s'est vendu au bon moment.

Je suis content d'avoir gagné, mais il y a plus important. Maintenant, il y a la jurisprudence Boustani. J'espère qu'elle leur compliquera la vie le plus longtemps possible. J'ai créé un précédent désastreux pour le DoJ dans ces affaires de poursuites extraterritoriales et j'en suis très heureux. Je veux donner le courage de résister à des entreprises et à des cadres placés dans la même situation que celle où nous avons été mis, Privinvest et moi. C'est dans ce but que je témoigne, pas pour me plaindre ou raconter ma vie. Le DoJ ne s'attendait pas à une défense aussi acharnée. Il a été désarçonné par notre solidarité et notre combativité. C'est un message que je veux faire entendre : la peur du DoJ n'est pas bonne conseillère. Leur machine est rodée, mais elle n'est pas inarrêtable. Et parfois, la vérité et la justice veulent qu'elle soit arrêtée. Tout simplement.

Il y a un curieux contraste entre la débauche de moyens utilisés par les Américains pour m'arrêter et la désinvolture avec laquelle le DoJ semble avoir préparé son dossier d'accusation contre moi, mais cela s'explique. Le département de la Justice n'avait pas prévu que ce dossier devrait un jour convaincre un jury. Son but n'était pas de me juger, mais de me forcer à jouer le rôle qu'a finalement tenu Andrew Pearse, celui du témoin clé, le « *star witness* », contre Privinvest et Iskandar Safa. Les présumés grands corrupteurs… Parler de corruption, c'est sexy. L'audit réalisé par le cabinet Kroll en 2018 avait déjà donné le ton. Il avait été lancé par le FMI dans le ferme espoir de pointer de la corruption organisée par Privinvest. Pas de chance pour eux et pour le DoJ, il n'y avait rien. Peu importe, les médias ont parlé du « rapport Kroll qui prouvait la corruption » ! Ce n'est pas un audit, c'est une entreprise de démolition. Les experts de Kroll ont écrit qu'ils n'avaient pas la preuve que Privinvest avait livré tel ou tel matériel, mais ils n'ont pas cherché. S'ils s'étaient rendus sur le terrain – ce qu'ils n'ont pas fait, de toute évidence –, ils auraient vu les équipements prétendument manquants ! Leur feuille de route implicite était de nous taper dessus. Ils ne pouvaient pas mentir, mais ils ont écarté des éléments qui nous étaient favorables. S'ils avaient trouvé la moindre trace de corruption nous concernant, ils en auraient parlé. En fait, le DoJ était aux abois. Au moment de construire l'accusation, le DoJ ne trouve rien pour étayer la corruption dans le rapport Kroll, et il n'a plus de possibilité de s'appuyer sur le FCPA : l'absence de ces deux armes présumées fatales aurait dû inciter à la prudence, mais il fallait foncer, le temps pressait ! Les délais de prescription de cinq ans continuaient à courir, l'essentiel des faits qui m'étaient reprochés datait de 2013. Je n'en ai pas la preuve, mais j'imagine que le DoJ voyait arriver 2019 avec angoisse ! « Boustani va nous glisser entre les doigts, *holy shit !* Il faut trouver un truc, n'importe quoi ! » Ils ont fait un acte d'accusation à la hâte, pour respecter les règles de prescription, puis ils m'ont arrêté le 1er janvier. Ils étaient certains que j'allais craquer et vendre ma boîte, qui m'aurait lâché de son côté. Je serais devenu le *star witness*. Mais là, troisième coup de malchance, je vais au procès et Privinvest me soutient !

C'est encore une conjecture de ma part, mais je pense que le procureur a alors demandé au juge Kuntz de reporter mon procès. Il manquait sérieusement de munitions, il fallait en trouver. C'est pour cela que j'ai passé onze mois d'enfer en détention provisoire. Pendant ce temps, ils ont mis la main sur leur star, leur « *cooperating witness* », Andrew Pearse. Il a passé un accord avec le DoJ en juin 2019, alors que j'étais déjà incarcéré depuis six mois. Le procureur Mark Bini l'a travaillé au corps. On a appris à l'audience que lui et Andrew Pearse se sont rencontrés plus de trente fois avant mon procès ! Le DoJ a littéralement écrit son rôle à Pearse. Il n'avait plus qu'à réciter. Surjan Singh a accepté de collaborer à son tour en septembre 2019. L'accusation se sentait plus en confiance. On a encore décalé le procès, sans doute pour laisser passer les élections présidentielles d'octobre 2019 au Mozambique...

Ensuite, la magistrate initialement prévue pour mon procès, et que mes avocats considéraient comme intègre, Dora Irizarry, a transféré le dossier à un autre magistrat, William Francis Kuntz, bien disposé envers le DoJ. La justice est indépendante du gouvernement, aux États-Unis, mais j'ai eu six semaines d'audience pour vérifier que le juge était scandaleusement pro-DoJ. Je ne dis pas qu'il était aux ordres : à ses yeux, j'étais un truand, tout simplement, et il me traitait comme tel. Il était convaincu à 100 % d'avoir un grand criminel dans le box de l'accusé. Sa partialité était évidente. Je n'ai pas fait le décompte des objections de la défense et de l'accusation, mais il a très souvent refusé les nôtres alors qu'il a accepté sans difficulté celles de l'accusation. Le juge Kuntz a tout essayé pour m'enfoncer. À la fin du procès, il a donné au jury, avant la délibération, les « instructions » écrites. Il reparlait dans ce document du FCPA et de la corruption au Mozambique, sous le chapitre relatif au blanchiment !

Je suis malgré tout la preuve vivante que la justice américaine n'est pas à la botte du pouvoir. Un jury populaire m'a innocenté. Donc, oui, les tribunaux US sont indépendants, mais le DoJ ne l'est pas. Il fait d'ailleurs tout pour ne pas aller jusqu'au procès. Ils ont des méthodes de voyou. J'ai été kidnappé, il n'y a pas d'autre mot, alors que j'étais en vacances en territoire étranger. J'ai ensuite été incarcéré dans les conditions les plus difficiles possibles, dans le seul but de me faire craquer. Très souvent, ça marche. Les entreprises payent, elles se couchent. Dans mon cas, ce qui a fait dérailler la machine est peut-être culturel. Certains aspects de la mentalité libanaise ont échappé aux Américains. Iskandar Safa n'est pas seulement mon patron. Nous sommes liés par des liens de confiance qui vont bien au-delà de la relation standard employeur-employé. Il y a un sentiment d'appartenance, d'identité, de communauté de destins, qui a joué un rôle très important. C'est la clé de notre défense commune acharnée face à la menace. Iskandar Safa savait que je ne le trahirais jamais et je savais qu'il ne m'abandonnerait pas. Le noyau de notre relation est fait de respect et d'affect, d'honneur et de valeurs humaines. La relation de travail est seulement l'écorce. L'arrestation, c'était une attaque sur le noyau. J'étais prêt à me battre jusqu'à la dernière cartouche.

La nuit et la matinée précédant le verdict, j'étais… comment dire… dans l'état de tension de quelqu'un qui joue sa vie pour les cinquante-cinq prochaines années. Le marshal est venu me chercher en prison, on m'a conduit au tribunal, comme d'habitude. Une fois dans la salle, j'ai vu sur un banc une des jurés remplaçants. La délibération se fait à douze, mais on sélectionne seize jurés, en cas d'empêchement de l'un ou l'autre. Elle avait donc assisté aux discussions des douze autres. Elle savait ce qui m'attendait. C'était une Asiatique, jolie, avec de longs cheveux noirs. Au cours des audiences précédentes, j'avais compris à son regard qu'elle m'appréciait. Elle m'a fixé et puis elle a hoché la tête, mais je ne savais pas du tout comment interpréter son signe. Le porte-parole des jurés a alors fait savoir par écrit au juge Kuntz que la délibération était finie. Les jurés sont enfin entrés. Tout le monde s'est levé, puis rassis, sauf moi. C'était le moment, j'allais savoir. « Rappelle-toi, Jean, c'est seulement le premier round », m'a chuchoté Michael, mon avocat. Il voulait me dire par là qu'on ferait appel, en cas de condamnation. Il était confiant, sauf pour le blanchiment d'argent[1]. David Howard, le porte-parole du jury, a commencé à lire. C'était court, les décisions ne sont pas motivées. « Fraude financière : non coupable. Fraude électronique : non coupable... » J'attendais la suite, tétanisé. « Blanchiment d'argent : non coupable. »

J'ai éclaté en sanglots, j'ai fait le signe de croix et je me suis dit que j'allais revoir mon fils. Puis les trois avocats se sont jetés sur moi et on s'est tous embrassés. La joie a été de courte durée. Le juge William Kuntz n'avait aucune envie de me lâcher. Il a tapé avec son marteau pour rétablir le silence. Ensuite, il a demandé à chaque juré de redire publiquement, à tour de rôle, pour chaque chef d'accusation, s'il me jugeait coupable ou non coupable.

1. Cadre d'Alstom accusé dans un dossier comparable, Lawrence Hoskins avait été acquitté de cinq chefs d'accusation quatre mois plus tôt, mais condamné pour blanchiment. Voir Intermède « Extraterritorialité, le début de la fin ? ».

Le verdict avait été rendu, mais il avait encore l'espoir de trouver une faille. Les décisions sont prises à l'unanimité. À ce stade, si un seul juré avouait avoir voté non coupable pour faire comme les autres, sans y croire, toute la procédure tombait. C'était très révélateur de son état d'esprit. Les jurés se sont exécutés, mais ils n'ont pas tous apprécié cet acharnement. La dernière à s'exprimer était une dame noire d'un certain âge. Elle a presque crié le dernier de ses trois « non coupable ! » en martelant le parquet avec sa canne.

On aurait pu croire que j'allais enfin sortir libre, mais non, pas encore. Il y avait un souci avec le Homeland Security, le département de la Sécurité intérieure des États-Unis. Selon eux, j'étais entré aux États-Unis sans visa ! À peine libéré, je devenais un étranger en situation irrégulière. Ils voulaient donc me remettre en centre de détention, avec les clandestins ! Pour quelques semaines, pas plus... Michael, mon avocat, a piqué une colère noire : « Vous avez kidnappé mon client à Saint-Domingue, voilà pourquoi il n'a pas de visa ! Vous voulez qu'on revienne là-dessus ?! Il n'est pas question qu'il retourne en prison, un juge fédéral vient de prononcer sa mise en liberté ! » Ils n'ont pas insisté. J'ai encore attendu quelques heures, le temps de régler les formalités.

Puis un US marshal est venu me dire que c'était fini. Une dernière porte s'est ouverte. J'étais libre. J'ai vu Michael, Randall, Casey, mes avocats et tous leurs collaborateurs. Ils étaient une dizaine. Ils m'ont tous embrassé. Ils s'étaient attachés à mon cas, au fil des mois. Professionnellement, battre le DoJ était un super-challenge, et humainement, on a passé tellement de temps ensemble que des liens se sont créés. Au fil des mois, Michael est passé du « Sir » à « Jean », puis « bro », *brother* !

Évidemment, j'ai immédiatement appelé mes parents et Iskandar. Nous étions tous très émus. Ensuite, on est allé au restaurant. Avant de quitter le tribunal, j'ai été abordé par Borges Nhamirre, l'animateur du Center for Public Integrity de Maputo, par ailleurs correspondant de *Bloomberg* au Mozambique. Il m'a demandé s'il pouvait me prendre en photo. Je lui ai répondu que ce serait possible quand il serait objectif dans son travail. Il m'avait enfoncé à longueur de dépêches.

Dehors, j'ai vu le tribunal pour la première fois de l'extérieur. La première neige tombait, nous étions début décembre, j'avais froid. Je portais seulement un costume et je marchais dans les rues d'Amérique, pour la première fois de ma vie. Sans visa. Je découvrais les sons et les odeurs de la ville, c'était comme une renaissance. Tout ce que je connaissais jusque-là de Brooklyn était ce que j'en avais vu par la fenêtre du fourgon, pendant mes transferts du centre de détention au tribunal. Des petits bouts de vie sur les trottoirs, Manhattan, la statue de la Liberté, les enfants déguisés pour Halloween qui m'avaient fait penser à mon fils… J'ai découvert aussi à quoi ressemblait le centre de détention vu de l'extérieur, quand nous y sommes allés en taxi avec mes avocats, pour officialiser ma libération. Il se trouve en ville, pas loin d'un entrepôt

Amazon que j'avais aperçu des centaines de fois par la meurtrière de la cour. J'avais passé onze mois dans cette enceinte, tout près des gens qui vivaient une vie ordinaire, mais coupé d'eux. La détention est vraiment une expérience étrange…

J'ai quitté les États-Unis le soir même. Mon passeport était déjà l'aéroport. Je n'avais rien sur moi, pas le moindre bagage, j'avais tout laissé en prison, même mes livres. À JFK Airport, je me suis assis avec Michael dans un restaurant en attendant l'embarquement. Je regardais tout, comme un nouveau-né. Je me réadaptais, assis sur ma chaise. Vers minuit, il a fallu y aller. On s'est dit au revoir et je me suis dirigé vers les contrôles. Au moment de passer à la caméra de reconnaissance faciale, j'ai eu très peur. Je me suis dit que mon visage n'avait pas été effacé, je partais si vite ! Ça allait buguer. L'hôtesse m'a dit de regarder l'objectif, je n'y arrivais pas. Elle a insisté. Je me suis exécuté. Le voyant a viré au vert.

J'ai fait le vol New York-Dubai-Beyrouth en première classe : le choc culturel, après la détention ! À l'aéroport, j'étais attendu par Iskandar, son frère Akram et mes parents. Je suis allé à la maison, j'ai retrouvé mon fils. Il ne savait pas que son père était en prison et il ne le sait toujours pas. Il avait six ans seulement. Je lui expliquerai plus tard.

Dans les mois qui ont suivi, j'ai continué la bataille, mais depuis le Liban. Le Mozambique a lancé une notice rouge Interpol en décembre 2019, mais avec les empreintes digitales et la photo d'un autre ! Je ne sais d'ailleurs pas qui c'est, j'espère qu'il n'a pas eu de souci à cause d'eux ! J'ai obtenu l'annulation de cette notice en février 2022. Filipe Nyusi, le président du Mozambique espérait sans doute me coincer. Il pensait que j'étais encore aux USA, alors que j'étais déjà rentré au Liban. J'ai reçu cette notice le 27 mars 2020. Le Liban n'extrade pas ses ressortissants. J'ai passé quelques heures en prison dans mon pays, parce que c'est la procédure. On m'a confisqué mon passeport et libéré sous caution. La justice libanaise m'a fait savoir qu'elle lançait une procédure au Liban, conformément aux conventions internationales, mais que je serai poursuivi seulement si j'avais fait quelque chose de répréhensible au Liban. Ce n'était pas le cas. Le procureur libanais a demandé à la justice du Mozambique des éléments en rapport avec mon dossier, qu'elle n'a jamais envoyés. Donc, au bout de six mois, les autorités libanaises m'ont rendu mon passeport. Le président Nyusi est dans une situation embarrassante. J'ai les éléments prouvant qu'il savait dès 2013, dans les moindres détails, tout ce que nous faisions. Je peux démontrer qu'il n'y a jamais eu de dette cachée ni de corruption d'agents de l'État du Mozambique. L'ancien ministre des Finances, Chang (qui attend lui aussi un hypothétique jugement en Afrique du Sud), pourrait témoigner en ma faveur, ainsi que l'ancien responsable du renseignement économique, Antonio Carlos do Rosario. Toute l'affaire se dégonfle. Le Mozambique avait aussi lancé une action contre Privinvest devant la justice anglaise, toujours à propos de ces dettes « cachées ». Une cour d'appel anglaise s'est déclarée incompétente en mars 2021, renvoyant devant une instance d'arbitrage en Suisse. C'est elle qui est habilitée à examiner le cas, Privinvest le disait depuis le début. Je pense que l'arbitrage nous sera favorable. De mon côté, s'il faut un jour porter plainte devant la justice du Mozambique contre ceux qui ont organisé cette machination, je le ferai. Nous irons jusqu'au bout.

# Chapitre 13

## Intermède
## Extraterritorialité, le début de la fin ?

Le fantasme de gouvernance mondiale qui agite manifestement le pouvoir américain, démocrates et républicains confondus, inquiète les juristes, y compris aux États-Unis. Pour eux, les lois extraterritoriales ne peuvent pas être interprétées pour poursuivre n'importe qui, n'importe où. Les parlementaires américains ne sont pas compétents pour dire ce qui constitue un délit au Mozambique. C'est aussi simple que cela, et c'est tout simplement vital pour la paix mondiale. Certains magistrats l'ont compris.

Ainsi, le 24 août 2018, quatre mois seulement avant que Jean Boustani ne soit arrêté à Saint-Domingue, une cour d'appel américaine a rendu un arrêt important dans l'interminable feuilleton Alstom[1]. Celui-ci

1. Court of appeals for the second circuit – United States v. Hoskins.

dure depuis 2010. En 2014, l'entreprise française a payé une amende de 772 millions de dollars, en contrepartie de la suspension des poursuites initiées par le DoJ pour des faits de corruption en Arabie saoudite, en Indonésie, en Égypte, aux Bahamas et à Taïwan. Elle a abandonné au passage un de ses cadres français, Frédéric Pierrucci. Arrêté en septembre 2013, il a été licencié pendant son incarcération. Son employeur n'a pas assuré sa défense. Un autre cadre d'Alstom avait été arrêté lui aussi, en avril 2014. Il s'agit de Lawrence Hoskins, vice-président pour les régions Europe et Asie-Pacifique, accusé par le DoJ de corruption et de blanchiment, pour des contrats passés en Indonésie entre 2002 et 2004, sur la base du Foreign Corrupt Practice Act (FCPA).

Hoskins a refusé la transaction que lui proposait le DoJ et il a choisi d'aller au procès. Choix courageux et finalement payant : après avoir perdu en première instance, l'ex-cadre a eu gain de cause en appel, en 2018. Les juges ont considéré qu'un citoyen britannique, qui ne résidait pas aux États-Unis, qui ne travaillait pas aux États-Unis, ni même pour une société américaine, ne pouvait pas violer une loi américaine, même par complicité, comme le prétendait l'accusation. Simple bon sens. Les juges avaient d'ailleurs rappelé que les travaux préparatoires au FCPA (qui date de 1977) excluaient explicitement les étrangers placés dans la même situation que Lawrence Hoskins de son champ d'application ! Élargir ainsi la portée du texte revenait à « transformer le FCPA en une loi visant à régir le monde », pointaient les magistrats.

C'est à cause de cette décision que le procureur américain a été obligé de renoncer à invoquer le FCPA, véritable couteau suisse juridique, contre Jean Boustani. Pris de court, le DoJ a probablement reconstruit son acte d'accusation avec des éléments assemblés à la hâte : fraude contre des investisseurs que Jean Boustani n'avait jamais vus, fraude commise par des moyens de paiements électroniques alors que Privinvest n'a pas de bureau aux États-Unis, blanchiment, etc.

Les péripéties judiciaires de Lawrence Hoskins ne se sont pas arrêtées là, hélas. Loin de s'avouer vaincu, le DoJ a obtenu un renvoi en première instance, en avançant que Lawrence Hoskins avait travaillé pour... Alstom Power Inc., la branche américaine du groupe. Il était donc « l'agent » d'une société américaine et à ce titre, il restait soumis à la justice américaine. Mais qu'est-ce qu'un « agent » ? La loi américaine n'est pas limpide à ce sujet. À l'issue d'un nouveau procès devant le tribunal fédéral du Connecticut (État où se trouve le siège américain d'Alstom), un jury populaire a considéré qu'Hoskins avait bel et bien agi en qualité d'agent d'Alstom USA. Le Britannique a été déclaré coupable de violations du FCPA, le 8 novembre 2019. Il a fait appel. En février 2020, une quatrième décision de justice lui a de nouveau donné raison. Les magistrats sont revenus à la position précédente : Hoskins n'a jamais travaillé aux États-Unis, n'a jamais été rattaché d'aucune manière à la branche américaine du groupe, n'a jamais reçu de consigne d'elle… Le FCPA ne s'applique pas ! L'accusé a définitivement échappé aux poursuites pour cinq chefs d'accusation relatifs à la corruption, estampillés « FCPA ». Il a tout de même été condamné à quinze mois de prison pour blanchiment d'argent.

Selon Jean Boustani, si le DoJ avait eu la moindre possibilité de prolonger les poursuites contre lui, il l'aurait fait sans hésiter. Par chance, le procureur ne pouvait pas contester le jugement d'un tribunal populaire (seul l'accusé peut faire appel de la décision d'un jury populaire aux États-Unis).

L'acharnement du DoJ contre Lawrence Hoskins relève d'une forme de férocité, mais elle n'est pas gratuite. Elle vise à perpétuer un pouvoir basé sur le bluff et la peur. Les entreprises craignent le DoJ et ses lois extraterritoriales dévoyées, car peu de jurisprudences pour le moment sont venues rappeler que ces lois n'ont pas été votées pour régenter la planète. Neuf fois sur dix, les accusés préfèrent transiger. Résultat, peu de jurisprudences sanctionnent les abus de pouvoir de l'exécutif américain. À l'inverse pleuvent les amendes colossales, imposées dans le cadre d'une « justice négociée », qui court-circuite en réalité la justice tout court. Car le DoJ, faut-il encore le rappeler, est une administration, pas une juridiction[1]. Le tout crée un climat de tension mondiale, alors qu'en réalité, le colosse DoJ

1. Antoine Garapon et Pierre Servan-Schreiber, *Deals de justice. Le marché américain de l'obéissance mondialisée*, 2013, PUF.

a des pieds d'argile. Une rafale de décisions comme celles qui ont innocenté Jean Boustani suffirait à le faire reculer. Hélas, peu d'entreprises osent se battre. Jean Boustani insiste sur un point aggravant : « Les fonctionnaires du DoJ ne sont pas dans l'état d'esprit du sherif de western qui veut attraper les voleurs. Ils cherchent à faire carrière, rien de plus. C'est un business, aggravé par la culture américaine qui valorise de l'agressivité. »

Parfois, des tribunaux de première instance, probablement dépassés par la complexité des dossiers, avalisent une application maximaliste de FCPA. Ainsi, en juin 2019, un tribunal de l'Illinois, qui n'avait apparemment pas entendu parler de l'affaire *Hoskins*, a admis la validité des poursuites aux États-Unis contre un Ukrainien et un Hongrois ayant versé des commissions à un fonctionnaire indien pour exploiter une mine de titane, au prétexte que les deux accusés avaient des « complices » aux États-Unis[1]...

Le DoJ donne évidemment un maximum de publicité à ces décisions, parce qu'elles entretiennent sa réputation d'omnipotence. Quand la justice sanctionne les dérapages dans l'utilisation du FCPA, au contraire, le DoJ se tait, ou tente sans vergogne de tromper les observateurs. Au procès de Jean Boustani, les procureurs ont parlé une quarantaine de fois du FCPA, alors que les poursuites n'étaient pas basées sur ce fondement juridique. Le but était d'entretenir l'impression que le FCPA est vraiment un règlement mondial.

1. Arrêt du 21 juin 2019, United States vs Firtash and Knopp

Plus fort encore : en décembre 2019, le DoJ a publié un communiqué triomphal : « La division criminelle de l'Unité FCPA annonce plus de poursuites contre des individus (34) que durant toute autre année dans l'histoire. Elle annonce également un nombre historiquement élevé de reconnaissances de culpabilité (30). » Seul problème, relevé par fcpablog.com[1], le DoJ compte dans ces désormais 34 personnes Jean Boustani et Manuel Chang ! Selon les décomptes indépendants faits par les juristes du blog, en 2019, il y a eu seulement 14 personnes poursuivies sur la base du FCPA, dont 11 ayant plaidé coupables. Le blog en question est indulgent. Il trouve tolérable le décompte du DoJ, qui englobe dans sa compilation, par exemple, tous les accusés d'un procès, même lorsqu'un seul d'entre eux est poursuivi sur la base du FCPA. Il perd sans doute de vue la finalité de ces statistiques gonflées aux stéroïdes anabolisants : impressionner. Envoyer une image de puissance. Pousser à la capitulation. Tout ce qui n'a pas marché dans le cas de Jean Boustani. Il faut espérer que son acquittement sera le début de la fin de la dérive extraterritoriale américaine.

1. Billet de Richard L Cassin du 31 décembre 2019.

# Chapitre 14

## Épilogue
## L'heure des comptes

Ce livre traite d'une histoire loin d'être terminée. Il a été rédigé entre avril et septembre 2021 au Liban et en Bretagne, et actualisé à Paris en avril 2022, lors d'une ultime réunion. Jean Boustani avait enfin pu venir en France. Depuis sa libération, il restait sous le coup d'une « notice rouge » émise par Interpol à la demande du Mozambique, juste après son acquittement par la justice américaine : manifestement, à Maputo, certains espéraient le remettre en prison sans procès pour des mois ou des années. Par chance, il se trouvait déjà dans son pays quand Interpol a été saisi. En février 2022, ses avocats, au terme d'une longue procédure, sont parvenus à faire annuler la notice, qui soumettait Jean à un risque d'arrestation immédiate si jamais il s'aventurait hors du Liban. À l'issue d'un examen contradictoire, Interpol a considéré que le Mozambique n'avançait pas d'éléments suffisamment solides à l'appui de sa demande. Pour la première fois depuis plusieurs années, il a donc pu voyager et se promener librement dans les rues de Paris.

Dans l'intervalle, il a failli mourir. Le 4 août 2020, une explosion d'une violence inouïe au port de Beyrouth a tué 207 personnes et ravagé un tiers de la ville. Le souffle a été tel que Jean a volé à travers le salon de son appartement, ainsi que son jeune fils. Ils en ont réchappé de peu. La cause de la catastrophe était une cargaison de nitrate d'ammonium, utilisé dans la fabrication des engrais et des explosifs. Elle était stockée depuis des années sur la zone portuaire de Beyrouth, dans des conditions si désastreuses qu'elle a fini par exploser. Les autorités libanaises ont une part de responsabilité importante dans cet accident, mais par un curieux concours de circonstances, les autorités mozambicaines aussi ! Il se trouve en effet que le nitrate d'ammonium était destiné à la Fabrique d'explosifs du Mozambique (FEM), entreprise d'Etat contrôlée par le ministère de la défense. Or, le ministre en titre au moment où la commande de nitrate d'ammonium a été passée, n'était autre que Filipe Nyusi, aujourd'hui président du Mozambique.

En août 2021, s'est ouvert à Maputo un procès-fleuve, censé faire la lumière sur la prétendue dette « cachée » du Mozambique. Dix-neuf accusés comparaissaient pour chantage, faux, détournement de fonds et blanchiment. Parmi eux, se trouvaient plusieurs ex-personnalités de premier plan, dont le fils du président Armando

Guebuza, Ndambi Guebuza, ainsi que d'anciens dirigeants du renseignement mozambicain.

À son ouverture, le procès a été présenté par la presse internationale en général, et la presse française en particulier, comme un grand moment de catharsis. La vérité allait enfin jaillir, à propos de ce méga-scandale de corruption supposé avoir poussé le Mozambique à la faillite. En réalité, très rapidement, le procès a disparu des pages des quotidiens occidentaux.

Et pour cause. L'histoire vendue aux médias du monde entier était binaire : les gentils, les méchants ; les coupables, les victimes ; la dette officielle, la dette cachée, etc. Les audiences ont ruiné ce scénario. De témoignage en témoignage, il est apparu que l'expression de « dette cachée » n'était pas à prendre au pied de la lettre : les emprunts de la discorde ont été souscrits avec l'accord de dizaines de responsables, y compris Filipe Nyusi. La thèse selon laquelle des centaines de millions de dollars auraient été dilapidés en pots-de-vin a discrètement été évacuée, faute d'éléments probants. Le procès s'est achevé en mars. Le jugement a été mis en délibéré pour six mois. Il devait être connu en août 2022.

L'ancien président Armando Guebuza, est venu à la barre en février 2022, comme simple témoin. Personne n'a pris le risque de le mettre en accusation, compte tenu de ce qu'il sait, c'est à dire tout. Début avril 2022, l'avocat de Guebuza, Alexandre Chivale, a échappé à une tentative d'assassinat. Selon la presse mozambicaine, l'opération aurait été commanditée par… le ministère de l'Intérieur.

Le procès s'est enlisé, y compris sur le plan procédural. Jean avait proposé de témoigner par visioconférence depuis le Liban. Dans la mesure où il était désigné depuis le début comme le pivot du système de corruption, l'homme qui aurait tout manigancé, son témoignage était, a priori, de première importance. La justice mozambicaine a pourtant refusé de l'entendre, après avoir donné son accord initial ! Il devait s'exprimer sous-serment le 3 décembre 2021. La cour a changé d'avis au dernier moment, provoquant l'incompréhension de la justice libanaise, qui avait prêté son concours pour organiser dans les règles ce témoignage à distance. Jean et ses avocats ont dénoncé dans un communiqué « une manipulation du système judiciaire à des fins politiques » par les autorités mozambicaines. Ils soulignaient implicitement ainsi une incohérence majeure : Filipe Nyusi ne comparaitra pas devant la cour, alors qu'il était ministre de la Défense à l'époque où les contrats ont été signés.

Peut-être parce qu'au fil des jours et des témoignages, la situation devenait trop embarrassante pour le président, il a procédé à un changement de gouvernement, en plein procès. Début mars 2022, Filipe Nyusi a limogé son premier ministre et cinq de ses ministres les plus importants (finances, mines et énergie, industrie et travaux publics, pêche, anciens combattants). Ce remaniement ne suffira probablement pas à redorer un blason durablement terni. En quatre ans, de 2017 à fin 2021, la position du président Nyusi s'est inversée, et pas dans le bon sens. D'accusateur, il est devenu accusé. Il était l'homme qui dénonçait des malversations présumées. Il est aujourd'hui celui vers qui les regards se tournent, dans l'attente d'explications, qui ne viennent pas, sur ce qu'il s'est réellement passé. Il vitupérait les pratiques de Privinvest ayant « spolié » le Mozambique. Le groupe réclame désormais à son gouvernement des centaines de millions de dollars de réparation, dans une procédure engagée en mai 2021, au Royaume-Uni. Pire encore, Privinvest le cible personnellement. Le groupe a demandé en octobre 2021 son audition par la Haute cour de Londres (High Court). Fuyant cette occasion en or de faire la lumière sur les « malversations » de Privinvest, le président Nyusi a refusé de venir témoigner. Privinvest, qui n'a pas l'intention de le lâcher, entend obtenir réparation devant la justice britannique, mais également en Suisse et au Liban. Par ailleurs, Privinvest n'excluait pas de demander réparation au FMI pour le préjudice subi au Mozambique.

Le Crédit Suisse, de son côté, a conclu le 19 octobre 2021 des accords avec les autorités américaines, britanniques et suisses. La banque a payé 475 millions de dollars pour mettre fin aux poursuites liées aux crédits accordés aux entreprises d'État du Mozambique. La banque s'en remettra et gardera sans doute la confiance de ses clients. Les enquêtes ont montré qu'elle a fait gagné des sommes considérables à beaucoup d'entre eux, grâce aux emprunts mozambicains packagés par ses soins !

La banque russe VTB a accepté de verser seulement six millions de dollars à la Security exchange commission américaine (SEC), pour son rôle dans l'affaire des crédits au Mozambique. Parallèlement, la VTB a engagé des poursuites judiciaires au Royaume-Uni, en décembre 2019, contre l'entreprise publique mozambicaine MAM, pour obtenir le remboursement d'un prêt de 535 millions de dollars. Les négociations avec le gouvernement mozambicain pour qu'il accepte d'assumer cette dette ont duré des mois, mais elles n'ont rien donné.

Sur le plan économique, le Mozambique est convalescent. Fin 2021, la dette publique dépassait 133 % du PIB et 18 milliards de dollars : un chiffre à comparer aux 1,6 milliard de dollars de dettes prétendument cachées qui auraient fait plonger le pays… Début 2022, les discussions étaient en bonne voie pour que le Mozambique puisse à nouveau emprunter sur les marchés financiers, dans le but de financer des projets de développement économique vitaux pour son avenir. Le ralentissement mondial lié à la crise du Covid a durement touché l'économie nationale, mais le Mozambique a profité ensuite de la relance et de l'envolée des cours des matières premières.

### *Insurrection islamiste*

La sécurité nationale reste un immense défi. En octobre 2017, un groupe islamiste a fait son apparition dans la province du Cabo Delgado, dans le Nord du Mozambique. Cette région du nord du pays concentre les investissements en infrastructures pour l'extraction de gaz naturel. Elle recèle par ailleurs des gisements considérables de saphir rose et de rubis. Bref, c'est une région-clé. L'identité des groupe armés en action au Cabo Delgado, leur connexion avec d'autres islamistes étrangers et leurs objectifs véritables ne sont pas faciles à déterminer. Ils s'en sont pris à des villageois, mais également aux forces de l'ordre, qui ont riposté, jusqu'au point où la région a basculé dans un état de guerre civile. En quatre ans, les combats auraient fait 3 500 morts et forcé plus de 850 000 citoyens à quitter leurs foyers. Le gouvernement de Maputo a recruté des mercenaires pour combattre les islamistes, en renfort de l'armée régulière. En juin 2021, la Communauté de développement d'Afrique australe a annoncé l'envoi d'une force internationale au Cabo Delgado. L'Union européenne, de son côté, a envoyé des instructeurs.

Le Rwanda joue dans cette affaire un rôle qui demanderait à être éclairci. Il se pose en garant de la paix au Cabo Delgado. Il y a envoyé un millier de soldats, officiellement pour rétablir l'ordre, mais il est permis de se demander si le Rwanda n'a pas aussi des arrière-pensées stratégiques. La crise actuelle au Mozambique est l'occasion d'élargir sa sphère d'influence, en accord avec les Etats-Unis et Israël, qui ont de bons rapports avec le gouvernement rwandais.

La situation dans le nord du pays restait confuse au printemps 2022. Les troubles étaient alimentés, dans des proportions difficiles à définir, par la guérilla islamiste, par des trafiquants (de drogue, de bois, etc.), mais aussi par des difficultés sociales et des clivages ethniques qui plongent leurs racines dans l'histoire du pays. Cela n'empêche pas certains de proposer des grilles de lecture simplistes. En juin 2020, l'ONG *les Amis de la Terre* a publié un étrange rapport, Intitulé « Mozambique : de l'eldorado gazier au chaos ». Cette étude tente d'accréditer l'idée que les projets gaziers au Cabo Delgado sont la cause ultime des violences. Les chantiers en cours auraient déstabilisé la région, en provoquant des expropriations, etc.

En réalité, il suffit de lire leurs communiqués pour constater que les multinationales de l'énergie sont les victimes, et non les coupables des troubles. En avril 2021, le groupe français Total a annoncé le gel de son gigantesque projet gazier dans le nord-est du Mozambique, pour « force majeure ». Le projet, qui représente un investissement total de 20 milliards de dollars, a été interrompu après une attaque jihadiste. Le portugais Galp Energia a également suspendu ses investissements dans la région pour cause d'insécurité. ExxonMobil et l'italien ENI, associés dans le projet Rovuma, ont ralenti l'avancée de leurs travaux, eux aussi. Tous ces contretemps reculent le moment où le Mozambique encaissera les dividendes des exportations de gaz, seuls à même de rétablir l'équilibre des finances publiques. Toutefois, la partie n'est pas définitivement perdue. Début 2022, des indices de relance des projets gaziers étaient perceptibles. Les cours mondiaux étaient au plus haut.

Triste ironie de l'histoire, le matériel fourni par Privinvest au Mozambique visait précisément à assurer la stabilité du pays. La crise actuelle et l'irruption des islamistes dans le jeu confirment à quel point ces investissements étaient nécessaires. Entre le retard pris par les majors de l'énergie, l'impact dévastateur des combats sur l'industrie naissante du tourisme et les destructions liées aux combat, l'instabilité actuelle va coûter au Mozambique des sommes colossales, plusieurs fois supérieures aux emprunts que le pays avait contractés pour renforcer ses infrastructures, ainsi que ses outils de surveillance et de sécurité. En avril 2022, le groupe italien de service à l'industrie des hydrocarbures Saipem a décroché un contrat de 150 millions de dollars sur neuf ans pour la maintenance d'infrastructures d'exploitation des gisements de gaz off-shore. Si Privinvest avait pu mener ses projets à terme, ce genre de missions serait aujourd'hui assumée par des structures publiques mozambicaines... À celui qui se demanderait encore à quoi servaient les quelque deux milliards de dollars de matériels achetés par le Mozambique à Privinvest, l'actualité apporte chaque mois la même réponse : ils avaient vocation à construire d'indispensables outils de souveraineté nationale.

Ce n'est pas seulement Jean qui est tombé dans un traquenard. C'est tout le Mozambique. Ceux qui ont pris l'écrasante responsabilité de torpiller cette nation au moment où elle prenait enfin son essor, pour les besoins de leurs agendas personnels, devront peut-être un jour rendre des comptes. Et contrairement à Jean Boustani, il y a peu de chances qu'ils en sortent la tête haute, à Washington comme à Maputo.

# Annexe

## « *Dette cachée* » *du Mozambique, rapide chronologie*

**Début des années 2000 :**
Avec un produit intérieur brut par habitant inférieur à 500 $ par an (contre 40.000 $/an/hab en France), le Mozambique, pays lusophone d'Afrique de l'Est, en face de Madagascar, est l'un des plus pauvres du monde. Indépendant depuis 1975, il a été ravagé pendant près de vingt ans par une guerre civile opposant la Resistencia Nacional Moçambicana (Renamo) au Frente de Libertação de Moçambique (Frelimo), marxiste-leniniste. Ce dernier est sorti vainqueur des élections de 1994. Il a récupéré un pays exsangue, mais prometteur. Le sous-sol du Mozambique contient des minerais et des rubis. Ses eaux sont riches en poissons.

**2005 à 2013**
D'immenses réserves de gaz naturel offshore sont découvertes dans la zone économique exclusive (ZEE) du Mozambique. Elle totalise 5 000 milliards de mètres cubes. Conscient que ces richesses vont attirer des convoitises et qu'il n'a pas les moyens de garantir sa souveraineté, l'État du Mozambique décide alors de consentir un sérieux effort d'investissement.

**2013**
Le président en poste, Armando Guebuza, ancien combattant du Frelimo et homme d'affaires, passe un accord de grande envergure avec le groupe Privinvest. Il demande à ce dernier de lui fournir une flottille de pêche au thon moderne, des navires rapides capables de sécuriser les champs de gaz offshore, ainsi qu'un ensemble de stations radars assez performantes pour surveiller le territoire et la ZEE du Mozambique, celle-ci étant exposée à la piraterie et à tous les trafics imaginables, de la drogue aux animaux braconnés.
Total des différents marchés, deux milliards de dollars. La somme est considérable par rapport aux ressources propres du Mozambique, mais relativement modeste compte tenu de ce que peut rapporter le gaz naturel. Afin de formaliser les emprunts et d'initier les projets, trois sociétés publiques sont créées au Mozambique : ProIndicus pour assurer la surveillance maritime, aérienne et terrestre, Ematum pour organiser la pêche au thon industrielle et Mozambique Asset Management (MAM), pour les

chantiers navals et pour assumer une partie de la construction de la considérable infrastructure technique nécessaire pour exploiter le gaz. Les trois sociétés, dans l'orbite du gouvernement, sont dirigées par le même homme, Antonio do Rosario, patron de la branche intelligence économique du renseignement du Mozambique, le Serviço de informações e seguranca do Estado (Sise).

Les emprunts souscrits alors par le Mozambique n'ont rien de secret. Ils sont débattus au Parlement, validés par plusieurs ministères et placés sur les marchés financiers par des établissements et des fonds d'investissement ayant pignon sur rue.

**2014**

Ralentissement de la croissance mondiale. Commence une longue chute des cours du pétrole, du gaz naturel et des autres matières premières qui constituent l'essentiel des exportations du Mozambique. C'est un coup dur, qui compromet la capacité du pays à faire face à ses dettes. Juste avant la crise, le pays a élu un nouveau président. Armando Guebuza a laissé la place à Filipe Nyusi début 2015. Ancien ministre de la Défense, ce dernier ignorait moins que personne les montants et la destination des emprunts en 2013…

**2016**

Le Mozambique est incapable de faire face aux échéances d'une dette nationale proche de 12 milliards de dollars. L'Argentine en 2001, la Grèce en

2015, le Surinam et le Liban en 2020 sont passés par le défaut de paiement, une épreuve synonyme de crise sociale et de plan d'austérité. Souvent, dans les moments difficiles, les élus cherchent des boucs émissaires. Le gouvernement en place à Maputo, croyant peut-être les trouver chez Privinvest, lance le thème des emprunts souscrits de manière irrégulière. S'il y a eu corruption et malversations, les remboursements peuvent être suspendus.

**2017**

Le mode d'emploi permettant à un petit pays de lever en catimini deux milliards de dollars sur un marché aussi surveillé que celui des emprunts d'État n'est pas très clair, mais peu importe. Le scénario techniquement improbable de la dette cachée s'impose dans les médias. Le gouvernement des États-Unis, des ONG, le FMI le reprennent à leur compte. Une crise économique grave mais banale, provoquée par une énième baisse des cours des matières premières, devient un scandale international. Mis en cause, Privinvest ne commente pas, convaincu de n'avoir rien fait d'illégal. Les contrats au Mozambique ont donné lieu à des versements de commission à des intermédiaires, en conformité avec le droit national, y compris pour le financement du Frelimo. Le droit du Mozambique permet à une personne morale de financer un parti.

**2018**
Le département américain de la Justice lance des investigations contre Privinvest : le groupe aurait corrompu des décideurs mozambicains, escroqué le pays en lui vendant à prix d'or du matériel à peine utilisable et berné les banques et les investisseurs ayant souscrit aux emprunts lancés par le Mozambique.
Ce scénario débouche sur l'arrestation de Jean Boustani, pivot supposé des manigances de Privinvest au Mozambique, le premier janvier 2019. Refusant tout compromis, il décide d'aller au procès, avec le soutien de son employeur.

**2019**
Jean Boustani passe onze mois en prison, avant d'être innocenté et libéré par un tribunal américain, début décembre.

**2020**
Jean Boustani séjourne au Liban.

**2021**
**Mars :** La cour d'appel de Londres, la High Court, déclare que les contrats de fournitures de Privinvest n'ont pas été obtenus par des moyens de corruption et que le Mozambique doit se tourner vers une instance d'arbitrage en Suisse pour régler ses litiges avec Privinvest.
**Décembre** : Alors qu'un procès sur l'affaire dite de la « dette cachée » se tient au Mozambique, le tribunal

mozambicain renonce au dernier moment, et sans explication, à entendre le témoignage de Jean Boustani en visio conférence.

**2022**

**Août :** Date attendue du verdict du procès de la « dette cachée » au Mozambique.

## *Les protagonistes*
## *Par ordre alphabétique des noms de famille*

**Najib Allam**
Directeur financier de Privinvest, il n'a joué aucun rôle opérationnel dans l'affaire. Poursuivi par la justice américaine simplement pour avoir avalisé des ordres de paiement. Il en sera très peu question dans ce livre.

**Matthew S. Amatruda**
« Assistant United States Attorney » du Eastern district de New York, équivalent d'un procureur adjoint. Il a piloté les poursuites contre Jean Boustani jusqu'en avril 2019, avant d'être recruté par le groupe pétrolier Exxon en tant que conseil juridique.

**Mark E. Bini**
Procureur adjoint, il a pris la suite de Matthew Amatruda après la démission de ce dernier, jusqu'au procès. Il a quitté le DoJ. Au printemps 2022, il travaillait dans un cabinet juridique en Floride.

**Jean Boustani**
Responsable des ventes du groupe Privinvest en Afrique, proche collaborateur d'Iskandar Safa. Arrêté le 1er janvier 2019, jugé et innocenté le 2 décembre 2019, après onze mois passés en prison aux États-Unis.

**Bernard Cazeneuve**
Né en 1963, ministre de l'Intérieur (2014-2016) puis Premier ministre (2016-2017), maire de Cherbourg puis président de la communauté urbaine de 2001 à 2012, où Privinvest est propriétaire des Constructions mécaniques de Normandie.

**Manuel Chang**
Né en 1955, ancien ministre de l'Économie du Mozambique (2005-2015). Arrêté en Afrique du Sud en décembre 2018, sur requête des autorités américaines, pour soupçons de corruption. Mi-2022, incarcéré en Afrique du Sud, il était réclamé à la fois par le Mozambique et les États-Unis et n'avait toujours pas été jugé.

**Richard P. Donoghue**
U.S. Attorney du Eastern District de New York, supérieur hiérarchique de Mark Bini et Matthew Amatruda,

a seulement supervisé le dossier sans entrer dans les détails.

**Armando Guebuza**

Né en 1943, figure du Front de libération du Mozambique (Frelimo, marxiste) durant la guerre civile, président du Mozambique de 2004 à 2015. Considéré comme un des hommes d'affaires les plus prospères d'Afrique de l'Est.

**Armando Ndambi Guebuza**

Né en 1976, fils du président, qu'il a présenté à Jean Boustani. Arrêté en février 2019 sur ordre du président Nyusi, placé en détention depuis lors, dans un complexe spécial.

**William F. Kuntz**

Né en 1950, juge fédéral ayant présidé au procès de Jean Boustani. Un « *federal judge* », dans le système américain, est au-dessus du « *magistrate* ». Il est nommé directement par le président des États-Unis et confirmé par le Sénat, à vie, sa révocation ne pouvant intervenir que pour des motifs graves. Ils ont des prérogatives considérables.

**Christine Lagarde**

Directrice générale du Fonds monétaire international de 2011 à 2019, elle soutient que le Mozambique a emprunté des centaines de millions de dollars sur les marchés financiers sans que le FMI le sache, durant son mandat. Le procès a montré au contraire que le FMI était informé depuis le début.

**Malene McMahon**
Experte en système de paiement électronique, citée comme témoin par la défense pour réfuter l'idée que l'emploi de dollars dans des transactions signifie nécessairement que la transaction concernée a un lien avec les États-Unis.

**Teófilo Nhangumele**
Né en 1968, citoyen mozambicain, rémunéré comme apporteur d'affaires par Privinvest, pour avoir mis Jean Boustani en relation avec le fils du président en 2011. Poursuivi par le DoJ, il a accepté de collaborer avec l'accusation au procès de Jean Boustani. Il n'est pas apparu à l'audience.

**Filipe Nyusi**
Né en 1959, président de la République du Mozambique depuis 2015, auparavant ministre de la Défense de 2008 à 2014. Alors qu'il était au courant de tous les détails des contrats signés par son pays avec Privinvest en tant que ministre de la Défense, devenu président, il a repris à son compte la thèse de la « dette cachée » du Mozambique, à partir de 2016. En février 2019, il a ordonné une série d'arrestations de personnalités (Antonio do Rosairio, le fils du président Guebuza, etc.) impliquées dans ce soi-disant scandale des dettes cachées.

Privinvest s'est retournée contre lui en justice en 2021, l'affaire suit son cours.

**Maria Isaltina Lucas**
Directrice du Trésor au ministère des Finances du Mozambique au moment où les accords avec Privinvest ont été conclus, devenue en mars 2016 ministre déléguée aux Finances, poste dont elle a été renvoyée en février 2019. Ni arrêtée au Mozambique, ni poursuivie aux États-Unis.

**Andrew Pearse**
Néo-Zélandais, né en 1969, banquier du Crédit suisse, une des banques finançant les projets du Mozambique. En 2014, il propose à Privinvest de quitter le Crédit suisse pour se mettre à son propre compte, en créant avec Privinvest une structure de financement de projets, Palomar. Il démissionne alors du Crédit suisse, emmenant avec lui deux de ses plus proches collaborateurs, Surjan Singh et Detelina Subeva. Arrêté à Londres en janvier 2019, il devient six mois plus tard le témoin clé du DoJ dans le procès de Jean Boustani. Mi-2022, il n'avait toujours pas été jugé.

**António do Rosario**
Né en 1974, patron de la branche intelligence économique du renseignement du Mozambique, le Serviço de informações e seguranca do Estado (Sise). Directeur général des trois structures créées pour encadrer les projets de Privinvest au Mozambique : Proindicus,

Ematum et MAM. Bien placé, de par ses fonctions, pour savoir qu'il n'y a jamais eu de « dette cachée ». Poursuivi par le DoJ, il n'a pas été extradé, mais il a été arrêté au Mozambique en février 2019 sur ordre du président Nyusi.

**Iskandar Safa**
Né en 1955, homme d'affaires franco-libanais, fondateur du groupe Privinvest avec son frère Akram.

**Michael Schachter**
Avocat américain au cabinet Willkie Farr & Gallagher, défenseur principal de Jean Boustani durant le procès.

**Surjan Singh**
Né en 1974, ex-cadre du Crédit suisse débauché par Andrew Pearse pour rejoindre Palomar, a accepté de collaborer avec le DoJ contre Jean Boustani.

**Detelina Subeva**
Née en 1981, ex-cadre du Crédit suisse débauchée par Andrew Pearse (dont elle était la maîtresse) pour rejoindre Palomar, a accepté de collaborer avec le DoJ contre Jean Boustani.

*Cet ouvrage a été composé par Nord Compo*

*Imprimé en France par*
*CPI BRODARD & TAUPIN (72200 La Flèche)*
*en mai 2022*

*pour le compte des Éditions J.-C. LATTÈS*
*17, rue Jacob – 75006 Paris*

PAPIER À BASE DE FIBRES CERTIFIÉES

JC Lattès s'engage pour l'environnement en réduisant l'empreinte carbone de ses livres.
Celle de cet exemplaire est de :
400 g éq. $CO_2$
Rendez-vous sur
www.jclattes-durable.fr

N° d'édition : 01 – N° d'impression : 3047579
Dépôt légal : mai 2022
*Imprimé en France*